유니콘이 되어라

BE THE UNICORN

유니콘이 되어라

대체 불가능한 인재들의 12가지 성공 습관

윌리엄 밴더블로맨 지음 · 이은경 옮김

The Fast

The Authentic

The Agile

The Solver

The Anticipator

The Prepared

The Self-Aware

The Curious

The Connected

The Likable

The Productive

The Purpose Driven

비전코리아

내 삶을 영원히 바꿔준 유니콘
아드리안에게

성공한 사람들을 연구한다고 해서 반드시 성공이 보장되는 것은 아니다. 우리가 잭 니클라우스나 타이거 우즈의 골프 스윙을 연구한다고 해서 그들처럼 되지는 않듯이. 마이클 조던의 강력한 덩크슛 비결을 연구한다고 해서 내가 멋진 덩크슛을 날릴 수 있겠는가. 일부 성공 비결은 단순히 배워서 되는 것이 아니다.

그러나 윌리엄 밴더블로맨은 성공한 사람들을 연구했을 뿐만 아니라 통찰력을 발휘해 연습할 수 있고 가르칠 수 있는 성공 습관들을 찾아냈다. 이 책이 단순히 성공 사례만을 모아놓은 책이 아니라는 의미다.

당신은 이제 신화 속에 등장하는 유니콘만큼 예사롭지 않게 성공한 사람이 될 수 있는 설명서를 손에 쥔 셈이다. 당신이 성공할 수 있는 길을 활짝 열어줄 믿을 만한 해결책이 여기에 있다. 매우 비범하며 대체 불가하다. 그는 당신에게 유니콘이 되는 방법을 가르쳐줄 것이다.

윌리엄의 성공 비결은 내가 평생 가르쳐왔던 것들의 상당 부분을 기반으로 해서 일목요연하게 더 발전시킨 것이다. 그리고 그의 주장을 뒷받침하는 자료들을 가득 실어 설득력을 더했다. 그것이야말로 주목할 만한 점이다. 3만 명 이상의 상위 능력자들과 15년에 걸친 면접이 그것이다.

윌리엄이 이 책의 결론에 도달하게 만든 추진력은 단연 호기심이다. 호기심 자체가 유니콘의 12가지 특성 중 하나인 것도 당연하다. 호기심을 갖고 질문해야 가장 흥미로운 여행이 가능하다고 확신한다. 당신도 부디 호기심에 불타기를 바란다. 스스로를 어떻게 발전시키고 있는지 자문해보라. 12가지 분야에서 어떤 방식으로 자신을 성장시킬 수 있는지 자문하라.

유니콘이 되는 일은 하루아침에 이뤄지지 않는다. 그리고 다른 성공 방식처럼 유니콘이 되는 것은 목적지가 아니라 하나의 여정이다. 성실하게 현재를 살아야 한다. 의식적이며 결연한 노력으로 하루하루를 살아야 한다.

우리는 매일 무언가를 준비하거나 개선하면서 살아간다. 그러니 매일 유니콘이 되기 위한 준비를 하면서 12가지 특성을 발전시킬 수 있는 일에 초점을 맞춰라.

인생에서 좋은 것은 모두 하나의 도전에서 비롯된다. 당신의 도전 과제는 바로 이것이다. 이 책을 읽고, 이 책에서 배우고, 이 책대로 살자. 스스로 변신을 꾀할 때 마법 같은 일이 일어난다. 그러면 생각보다 빨리, 당신은 유니콘이 될 것이다.

존 맥스웰

목차

그 일의 적임자

유니콘^{unicorn} : 매우 바람직하지만 획득하기 어려운 것

당신은 군중 속에서도 눈에 띌 수 있다.

당신은 스타가 될 수 있다.

당신은 계속해서 추앙받고 선택받을 수 있다.

당신은 유니콘이 될 수 있다.

지금은 이것이 헛된 약속처럼 들릴 것이다. 세상은 어느 때보다 사람들로 가득하다. 역사상 처음으로 다섯 세대의 사람들이 노동시장으로 동시에 밀려들고 있다. 소셜미디어가 차고 넘치는 초연결의 시대에, 모두가 플랫폼을 이용하여 저마다의 확성기로 떠들어대니 세상은 시끄럽기 그지없다. 또한 인공지능이 화두로 떠오르면서 당신이 언제 대체될지(혹은 대체되지 않을지) 궁금하고 불안한 것도 무리는 아니다.

그럼에도 불구하고 당신은 동료들 사이에서 두드러진 존재이거나 대체 불가한 존재가 될 수 있다. 나는 이것을 성취할 수 있는 방법을 찾아냈다. 직업상 경력을 쌓는 동안 수집하고 연구해온 자료를 기반으로 말이다. 이제 그것을 당신과 공유하려고 한다.

미지의 요인 알아채기

누군가를 만났을 때 거의 순간적으로 그가 특별한 사람이라는 사실을 알아챈 적이 있는가? 무리 속에서 단연 눈에 띄고, 남다른 에너지가 느껴지는 사람을 만난 적이 있는가? 주변을 환하게 밝히는 아우라를 지닌 그들은 별 어려움 없이 성공한 것 같다. 그들은 우리 대다수가 묶여 있는 규칙에서 벗어난 듯 보인다. 그들은 중세 유럽인들의 상상력을 사로잡았던 유니콘처럼 보인다. 유니콘은 흔히 마법을 부리는 존재로 알려져 있다. 단지 같이 있는 것만으로도 모두에게 행운을 준다고 해서 누구나 유니콘을 어떤 식으로든 만나고 싶어 했다.

이러한 사람들을 만나면 나도 그런 사람이 될 수 있을지 궁금할 것이다. 나는 실제로 이러한 현대의 유니콘들을 그토록 특별하게 만드는 요인이 무엇인지 알아내기 위해 한평생을 보냈다. 마침내 그 요인은 물론 그 이상의 것을 알아냈고, 다른 사람들에게도 가르쳐줄 수 있게 되었다.

왜 나인가?

나는 헤드헌팅 회사를 창업해서 경영하고 있다. 최고 중의 최고를 찾아내는 대가로 돈을 받는다. 지난 15년 동안 고급 인력이 필요한 조직들이 우리에게 핵심 인재를 찾아달라고 의뢰했다. 우리는 '자리를 메울 직원'을 찾아달라는 요청을 받는 것이 아니다. 차세대 슈퍼스타를 찾아달라는 요청을 받는다. 특출한 인재, 타고난 리더, 거부할 수 없는 매력 덩어리, 바로 유니콘이다.

수천 번의 경험을 거쳐 이제 나는 능숙하게 유니콘 리더를 구별할 수 있다. 그들을 수차례 만나 면접을 해오면서 그들에 대해 이전보다 더 많은 것을 알게 되었다. 그들을 알아보는 안목뿐만 아니라 그들이 공통으로 지닌 특성과 습관도 알게 되었다.

이 책은 사람들의 호감을 얻는 방법이나 무리 속에서 눈에 띄는 방법을 알려주는 책이 아니다. 그보다는 실제 입증된 자료를 기반으로 인생의 승리자가 될 수 있는 지침서다. 그동안 유니콘들을 만나서 그들을 연구하고 특별히 발견한 것들이다.

무엇이 유니콘을 만드는가?

팬데믹 기간에는 많은 고객들이 인재를 고용하는 일을 멈췄다. 사실 거의 모든 고객들이 무기한 경영을 중단한 셈이었다. 그만큼 여유가 생기자 나는 뒤로 물러나 진지하게 묻기 시작했다.

"유니콘을 만드는 것은 무엇인가?"

"이렇게 뛰어난 사람들을 돋보이게 만드는 것은 무엇인가?"

나는 항상 유니콘에 대해 흥미를 가지고 있었다. 자원봉사자들과 리더들, 내가 배울 수 있는 모든 사람들 속에서 유니콘을 찾곤 했다. 가장 흥미로웠던 점은 내가 만난 유니콘들이 각기 다른 삶의 배경을 가지고 있었다는 것이다. 나는 꾸준히 공통분모를 찾았지만 발견할 수 없었다. 부유함과 좋은 외모에 후한 점수를 주는 문화에서도 이러한 것들은 공통분모가 아니었다. 가족의 사회적 지위나 교육 수준도 아니었다.

우리는 경영 인재를 검색하기 위해 수백 명의 후보자 데이터베이스를 만든다. 수백 개의 명단을 추리고 추려 이례적일 정도로 특출한 재능을 지닌 수십 명을 고른다. 거기서도 더욱 두드러지는 유니콘 레벨의 재능을 지닌 소수를 추려낸다. 소수를 가리고 나면 그들과 장기간에 걸친 면접을 진행한다. 그렇게 장기적으로 3만 건 이상의 면접을 진행했다. 나는 우리 팀에게 이렇게 묻는다.

"3만 건의 면접 중에 최고는 누구인가요?"

"그들은 어떻게 최고가 되었으며, 자신의 직업에서 지속적으로 성공을 유지하고 있는 사람은 누구인가요?"

물론 가장 중요한 점은 이러한 유니콘들이 공통으로 지닌 무언가를 밝혀내는 것이다. 우리는 어떤 공통점을 찾아낼지 모른 채 대대적인 연구에 착수했다. 연구 결과는 놀라울 정도로 일관되었고, 누구나 배울 수 있는 것들이었다. 유니콘들은 신체적인 공통점은 없었다. 모두 훌륭한 외모를 가졌다거나 키가 크다거나 타고난 근육질이라거나 하지는 않았다. 그들이 공통으로 지닌 것은 실제로 가르치고 배울 수 있는 특성과 습관이었다.

내가 일생을 통해 질문한 것들이 하나의 연구가 되었다. 그 결과는 뛰어난 사람이 되기 위한 지침이다.

3만 건 이상의 대면 면접을 하고 나니 그러한 기술들이 무엇인지 보이기 시작했다. 알고 보니 성공한 사람들에게는 매우 명확한 12가지 특성이 있었다.

이 책은 내가 늘 질문해왔던 것에 대한 답이다. 그러나 단순히 재능과 일자리를 찾는 방법에 대한 책이 아니다. 경쟁이 치열한 분야에서 스스로를 차별화하고 유니콘으로 우뚝 서는 일에 관한 책이다.

유니콘 발견하기

나는 성공한 사람들을 통해서 MBA보다 더 많은 것을 배웠다. 물론 세상에는 나하고는 비교할 수 없이 현명한 경영 인재들이 많다. 그러나 올해 거둬들인 기부금을 어디에 쓸 것인지에 대해 의견이 분분한 사람들을 통합하는 데 뛰어난 회계 지식이 필요한 것은 아니다. 사랑하는 사람의 장례식에서 슬픔에 잠긴 가족에게 누구나 의례적인 애도를 표하기 위해 식스 시그마(품질 개선과 결함 감소를 위해 데이터를 기반으로 프로세스를 분석하고 최적화하는 경영 기법-옮긴이)를 훈련받을 필요는 없다.

이런 일에는 스프레드시트를 읽는 것보다 사람들의 마음을 읽는 능력이 훨씬 중요하다. 차이를 만드는 것은, 프로그램화할 수 있는 공식과 알고리즘이 아니라 인간적인 기술이다. 그런 일은 기계에 맡기고, 우리 인간은 우리가 가장 잘하는 일을 해야 하지 않겠는가? 탁월한 사람이 되기 위해서는 이제 다른 곳에서 해결책을 찾아야 할 때인지도 모른다.

소프트 스킬에 대한 진실

사람을 대하는 기술을 요하는 직업 분야에서는 뛰어난 소프트 스킬(기업 조직 내에서 커뮤니케이션, 협상, 팀워크, 리더십 등을 활성화할 수 있는 능력-옮긴이)이 매우 중요하다.

그러나 소프트 스킬은 특정 분야에만 국한되지 않는다. 요즘에는 소프트 스킬이 어느 분야에서든 성공하는 데 필수 요인이므로, 모든 유형의 지도자들은 앞으로 다룰 교훈들을 배우고 적용한다면 더 나은 성과를 거둘 것이다.

살고 싶으면 나를 따라와라

영화 〈터미네이터〉는 무서우리만치 지금의 현실과 닮은 공상과학 영화다. 기계들이 세상을 정복하고 인간들을 끝까지 추격하고 역사상 가장 유명한 대사 중 하나(다시 돌아오겠다I'll Be Back)가 실현되지는 않았지만, 인간의 일자리를 앗아가고 있는 것은 확실하다. 더구나 빼앗는 속도가 점점 더 빨라지고 있다.

"살고 싶으면 나를 따라와라"는 조금 극단적이다. "성공하고 싶다면 나를 따라와라"로 바꾸자. 전문가들은 향후 10년 정도면 전체 산업이 거의 완전 자동화될 것이라고 예언한다. 의료 서비스, 농업, 산업 분야 모두 AI의 기술이 미치지 않는 곳이 없으니 타격을 입을 수 있다. 물론 그렇다고 우리 인간들에게 완전히 암울한 전망만 있는 것은 아니다. 이러한 산업 분야에서 사라진 일자리들은 기술과 로봇 공학 분야에서 찾을 수 있다.

좋든 싫든 로봇들은 팬데믹 기간에 우리를 도와주었다. 고용주들은 전염병에 걸리거나 전염병을 전파하지 않는 노동력을 얻기 위해 쟁탈전을 벌였고 AI가 그 자리를 채웠다. 결과적으로 경제학자들은 팬데믹 기간 동안 사라진 직업의 42퍼센트는 돌아오지 않는다고 추정한다.

역사적으로 우리는 혁신과 기술 발전을 두려워해왔지만 이러한 두려움은 거의 항상 잘못된 것으로 판명되었다. 과거에 기술을 대하는 인간의 반응을 보면서 웃음을 터뜨린 적이 있을 것이다. 우리의 직업을 '앗아가거나' 우리를 '대체하는' 기술로 인해 초조해한다면, 한때 증기기관차를 비판했던 사람들만큼이나 어리석은 셈이다. 그들은 여성의 신체로는 시속 30마일(약 48킬로미터)로 달리는 기관차 안에서 결코 안전하게 버틸 수 없다고 확신했다. 러다이트 Luddite(19세기 초 영국에서 기계화로 일자리를 잃은 노동자들이 기계를 파괴하며 벌인 항의 운동으로, 기술을 회의적으로 보는 사람들을 비유한다.-옮긴이)들의 생각은 잘못된 것으로 판명 났다. AI는 세상의 종말이 아니다. 오히려 진화의 기회다.

미국의 미디어 그룹 블룸버그는 1억 2천만 개의 일자리가 AI로 전환될 것이라고 추정한다. 따라서 노동시장에서 추방되는 1억 2천만 명의 사람들은 무언가를 다시 배워야 한다. 기계가 할 수 없는 것(또는 아직 할 수 없는 것)을 말이다. 일부 일자리가 쓸모없게 되는 만큼 앞으로 어마어마한 일자리가 생기고, AI가 할 수 없는 노동시장에서 인간들이 자신의 가치를 재정립할 기회를 얻을 수 있다. 그러한 가치의 대부분은 소프트 스킬이다.

3만 건의 면접을 통해 각 후보자들이 가지고 있는 최상의 특징을 알아냈고, 마침내 최고 중의 최고 사이에서 하나의 패턴을 발견했다. 최상의 후보자들이 면접을 보는 자리에서 공통으로 발휘했던 것은 무엇인가? 그들을 군중 사이에서 돋보이게 만드는 것은 무엇인가? 바로 소프트 스킬이다.

여기는 인력들이 더 많이 필요해

기술이 일자리를 앗아가는 것뿐 아니라, 업무 현장에는 이전보다 더 많은 근로자들이 있다. 2020년과 2021년 사이에 사람들은 대퇴직^{Great Resignation}(미국 고용시장에서 평소보다 훨씬 더 많은 사람들이 직장을 그만둔 추세-옮긴이)으로 일자리를 잃고 고용시장으로 나왔다. 우리는 이러한 대퇴직을 그 누구보다 먼저 예견했다. 그것이 다가올 것을 알았고, 이제는 그다음에 무슨 일이 일어날지 알고 있다. 직장을 떠난 대부분의 사람들이 다시 직장을 찾으려고 할 것이다. 심지어 그들은 이전 직장으로 돌아갈지도 모른다. 그런 날이 온다면, 사람들은 이전과는 다르게 군중 사이에서 돋보여야 한다.

그럼 소프트 스킬을 향상하면 어떻게 될까? 군중 사이에서 돋보이는 그런 사람들 중의 하나가 된다면 어떻게 될까? 우리가 소프트 스킬에 대해 발견한 흥미로운 점은 그중 하나하나를 발전시키거나 개선할 수 있다는 사실이다.

올림픽 경기의 단거리 주자들을 보자. 우리는 절대 그들만큼 빨리 달릴 수 없다. NBA 슬램덩크 대회에서 이기고 싶어도, 평균적인 점프 실력을 갖춘 키 175센티미터의 사람은 어림도 없다. 모든 사람이 아무리 훈련한들 특정 기술에서 이례적으로 뛰어날 수는 없다. 그러나 자신을 더 향상시켜서 자신만의 가장 높은 가능성에 도달할 수는 있다.

유니콘은 배울 수 있는 다양한 능력을 갖고 있다. 우리가 발견한 사실은 이러한 사람들은 누구나 발전시킬 수 있는 기술들을 갖고 있다는 점이다. 기능보다는 소프트 스킬과 문화적 적합성(개인의 성향과 특정 집단의 문화가 어울리는 정도-옮긴이)에 더욱 초점을 맞춰 면접하는 날이 다가오고 있다.

소프트 스킬이 이긴다

우리가 최종 진출자 2명을 추리고 나면 항상 놀라는 점이 있다. 선임 컨설턴트들 중 한 명이 말한 대로, 그 직책을 맡은 사람은 그저 다른 사람들과 가장 잘 지내는 사람이다.

유니콘들 사이에서 발견한 소프트 스킬을 잘 담아내기 위해 노력했다. 그러나 질문의 여지도 남겨놓았다. 이 책은 단순한 이야기도 아니고 과학 연구도 아니다. 일종의 설명서라고 할 수 있다. 이 책을 읽고 부디 무리 속에서 돋보이는 사람들 중 하나가 되기를 바란다.

새로운 도전과 변화가 가득한 세상에 두려움 없이 뛰어들려면 돋보이는 것이 그 어느 때보다 중요하다. 당신도 그렇게 할 수 있다. 이 여정을 함께하면서 유니콘들에게 배우자. 그것이 당신의 인생을 영원히 바꿔놓을 것이다.

BE THE

1장

신속한 유니콘

The Fast

UNICORN

신속한 유니콘

블레이크 마이코스키는 지금까지 한순간도 주저한 적이 없다. 그는 살아오는 동안 신속함 덕분에, 하나의 기회에서 다음 기회로 차분히 나아갈 수 있었다. 부상으로 인해 대학 테니스 선수를 그만두고 학교를 떠나 세탁 사업을 시작해서 성공했다. 그런 다음 내슈빌로 옮겨 가서 미디어 회사를 차렸다. 마이코스키 미디어는 EZ론드리EZ Laundry보다 훨씬 더 빨리 성공했다. 하나의 성공에서 다음 성공으로 내달리면서 그와 여동생은 팀을 이루어 리얼리티 TV쇼 〈어메이징 레이스The Amazing Race〉 두 번째 시즌에 나갔다. 이는 활동적인 기업가라는 브랜드와 잘 어울리는 듯 보였다.

마이코스키는 자신이 하는 모든 일을 신속하게 처리한다. 더 많은 기회와 성공이 따라왔고, 우리가 익히 아는 탐스슈즈 사업을 2006년에 시작했다. 탐스슈즈는 사회적 기업가정신의 초기 사례이자 가장 성공적인 사례 중 하나이다. 마이코스키는 그것으로 만족하지 않고, 현재 여전히 새로운 사업을 연구하면서 차세대 거대 시장을 향해 달리는 중이다. 세상에 이바지할 수 있는 일에 초점을 맞추면서 말이다.

누구나 살면서 어느 시점에 냉정하게 생각하라는 말을 듣는다. 즉, 첫 번째 제안은 수락하지 마라. 가능성 있는 구혼자에게 다시 전화나 문자나 그 무엇이든 하기 전에 단 며칠만 더 기다려라. 낚싯 대를 던진 다음 다시 끌어당기기 전에 물고기가 미끼를 물 시간을 주어라. 지나치게 열심히 하는 것처럼 보이면 오히려 입지가 약화 된다. 맞는가? 틀렸다.

속도가 관건이다

유니콘들은 이 사실을 잘 알고 있다. 지나치게 빨리 움직이지 말 라는 경고도 많지만, 기회가 문을 두드리는 순간 문을 더 활짝 열라 는 조언이 더 많다. 우리는 모든 것이 주문형인 시대에 살고 있다. 우리 자신도 어떤 분야에서 주문형에 대처하는 실력을 갖추지 못한 다면 실패하고 만다. 더 많은 것을 이루고 더 훌륭하게 성장할 기회 를 잃는다. 따라서 대응 시간이 중요하다.

우리가 알고 있는 것

'즉각 대응하기.' 이것은 흉내 내기 쉬운 것처럼 보인다. 그리고 실제로 유니콘의 12가지 특성 중에 가장 쉽지만 생각보다 어렵다. 빠르게 행동하는 것이 항상 인간의 본성이 아니며, 특히 두려운 일에 맞닥뜨렸을 때는 더욱 그렇다.

신속함은 무섭다

"그는 최초로 굴을 먹은 대담한 남자였다"라고 조나단 스위프트는 썼다. 신속함으로 최초가 되는 경우가 많지만 최초에는 늘 많은 위험이 따른다. 우리는 확신이 들지 않는 어떤 기회를 잡으려고 행동하기보다는, 최초로 그 기회를 잡아서 행동한 사람에게 무슨 일이 벌어지는지 지켜보는 것을 훨씬 더 편하게 느낀다.

우리의 뇌는 불확실성을 감당하기가 너무 힘들다. 결국 우리의 뇌는 잘 생존하는 것을 목적으로 진화되었다. 우리의 뇌는 조금도 방심하지 않는다. 항상 우리 몸을 안전하게 지키는 방식으로 반응하면서 다음에 일어날 일을 추측하려고 한다. 다음에 무슨 일이 닥칠지 모르면 우리는 계획을 세울 수 없다. 계획을 세울 수 없으면 죽을 수도 있다.(이것은 어두운 밤에 위험을 무릅쓰고 동굴 밖으로 나온 우리 조상들에게 훨씬 더 절실하게 다가왔을 것이다. 그래서 일부 습관들은 쉽사리 벗어나기 힘들다. 부정적인 것을 증명하기는 어렵다. 예를 들어 우리가 검치호랑이에게 잡아먹히지 않을 것이라고 확신할 수는 없다.)

초기에는 다른 사람이 그 동굴을 처음으로 떠날 때까지 기다리는 것이 이치에 맞았을 것이다. 그리고 오늘날까지도 우리의 뇌는 우리를 위험으로부터 구하기 위해 움직이고 있다. 리더가 팀원에게 '솔직한 의견'을 물어볼 때, 당신의 뇌는 먼저 인사부의 짐이 대답하고 나면 그에 맞춰 당신의 답변을 계획하라고 말한다.

또한 우리의 뇌는 미루는 버릇이 있다. 그러나 이것은 '사람을 살려야 한다'는 고귀한 이유보다 덜 고상한 이유에서 비롯된다. 우리 뇌의 변연계(두뇌의 쾌락중추, '와, 파티다!')는 전두엽 피질(두뇌의 계획하는 부분)보다 훨씬 더 강하고 이기는 경향이 있다. 그래서 그 작업은 "내일 해도 돼"라고 미루는 것이다.

신속함에 대한 사실

'미루다procrastinate'라는 단어는 말 그대로 '내일'을 의미하는 라틴어 크라스티나 crastina에서 유래했다.

신속함이 '예'라고 말하는 것은 아니다

신속한 사람이 되기 위한 여정에서 배우고 또 버려야 할 것들이 많다. 먼저 신속하다는 것이 항상 모든 것에 '예'라고 말하는 것을 의미하지는 않는다는 점을 기억해야 한다. 즉각적인 반응이 필요한 것과 그렇지 않은 것을 빨리 파악해야 한다는 의미다.

스타트업 세계에는 '기회의 탈을 쓴 방해를 조심하라'는 경고 문구가 있다. 방해와 기회를 구별하는 데는 많은 훈련과 약간의 시행착오가 필요하다. 그러나 연습할수록 더 나아질 것이다. 이 장의 말미에 어떤 게 기회이고 방해인지 구별하는 데 도움이 될 몇 가지 팁을 알려주겠다.

위험은 그만한 가치가 있다

나는 조깅을 즐겨 한다. 흔한 이유로 가볍게 달리기를 하는 습관을 들였다. 조깅은 머리를 맑게 해주고 에너지를 끌어올리기 때문이다. 더구나 나는 건강에 좋다고 하면 뭐든 시도해보는 편이다. 수년이 흐르면서, 달리고 싶을 때는 틈나는 대로 어떤 날이든 밖으로 나가서 달리는 것이 좋다는 것을 알았다. 나중에 하자고 미루는 순간, 그 나중은 거의 오지 않는다. 기껏해야 앉아서 소셜미디어를 스크롤하고, 대체로 야구 경기를 본다. 변연계의 '이기는' 칸에 체크 표시만 하나 더 늘어나는 셈이다.

퇴근 후에 달리기를 하겠다는 거짓말이나 휴게실에 도넛이 있는지 확인해보라는 유혹에 빠지지 않도록 변연계를 조용히 잠재우고, 나중이라면 하지 않을 일을 지금 하는 것이 최선의 선택이자 유니콘들이 선호하는 행동 방식이다.

자신에게 유익한 기회라고 생각하면 흥분해서 빨리 행동하고 싶은 충동이 일어난다. 이런 경우에는 인사부의 짐이 먼저 움직일 때까지 기다릴 필요 없다. 이러한 일이 얼마나 여러 번 당신에게 일어났는가?

당신은 어떤 상점에서 마음에 드는 상품을 발견했다. 아마도 그것은 자신에게 아주 잘 어울리는 신발 한 켤레일지도 모른다. 어쩌면 평생 찾고 있던 시계일 수도 있다. 또는 은퇴하고 시니어 PGA(골프) 투어를 할 때 100퍼센트 당신 손에 들려 있을 최신형 후

지쿠라 샤프트가 장착된 고성능 드라이버일지도 모른다. 그 제품이 무엇인지는 중요하지 않다. 당신은 그것이 마음에 든다, 당신은 그것을 원한다, 오늘 그것을 살 것이다. 신용카드를 건네고 영업사원에게 포장해달라고 말한다. 그러자 그들이 당신의 마음을 철렁하게 한다. 지금 보고 계신 제품은 진열해놓은 것이 유일하다, 재고가 없다, 또 다른 제품이 들어올 때까지 이삼 일을 기다려야 한다. 그들은 당신의 카드로 일단 결제하고 제품이 들어오면 당신에게 알려주어야 할까?

그렇지 않다. 주문에 대한 마법은 이미 풀려버려서 전두엽 피질이 구매는 어리석은 생각이라는 온갖 이유를 대기 시작한다. 그 물건은 그만의 빛을 잃었고, 갑자기 그저 쇼핑몰에서 보내는 평범한 토요일 오후가 된다. 당신의 변연계는 이제 베이커리 카페 시나본이나 가보라고 제안한다.

현재와 같은 시간은 없다

영업사원들은 반응 시간이 얼마나 중요한지 누구보다 잘 안다. 당신이 지금 고객 옆에서 응대할 수 없다면, 성가시게 하지 않는 편이 낫다.

이를 증명할 자료가 있다. 2021년의 한 연구는 570만 명의 잠재고객들을 살펴보고 어떤 이들이 고객으로 전환될 가능성이 큰지를 알아냈다. 답은 5분 이내에 직원의 응대를 받은 사람들이다. 최초의

5분 이내에 응대를 받지 못한 잠재고객은 실제 고객으로 전환될 가능성이 8배 급감한다.

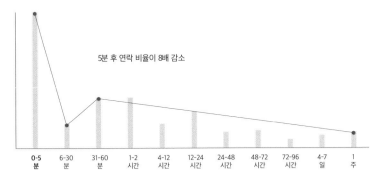

5분 후 연락 비율이 8배 감소

0-5 분 | 6-30 분 | 31-60 분 | 1-2 시간 | 4-12 시간 | 12-24 시간 | 24-48 시간 | 48-72 시간 | 72-96 시간 | 4-7 일 | 1 주

● 연락 비율에 따른 첫 통화 응답 시간

5분은 많은 잠재수익을 놓치기에 충분한 시간이다. 움찔하고 놀라지 않았는가? 다행스러운 점은, 우리가 이런 유형의 수익 이탈을 방지하는 방법을 알고 있다는 사실이다. 그런데 도저히 이해할 수 없는 점은, 극소수의 사람들만이 실제로 신속한 조치를 취한다는 것이다. 그러나 당신은 아니다. 더 이상 그래서는 안 된다. 당신은 신속한 사람이 되어가고 있으니까.

채용 담당자들이 신속한 사람을 선호하는 이유

채용 담당자들이 원하는 것도 신속한 사람이다. 그들은 재빠르게 대응해서 다음 단계로 나아갈 수 있다. 망설이지 않는다. 경기에 쓰이는 공은 빠르고 효과적으로 움직이는 것과 같다. 신속한 사람은 제시간에 서류 작업을 마친다. 신속한 사람은 면접을 한 다음 제안을 받는다.

직장에서 신속함을 함양하는 요령

- 빠른 대응 시간이 회사의 가치라는 점을 확실히 하라.
- 더 빠른 대응을 위한 장려책을 제안하라.
- 신속하고, 성취 가능한 마감시한을 정하라. 누구도 자신들의 편익을 선택하는 데 한 달이나 필요하지 않다.
- 다음에 사람을 고용할 때는 '신속함 테스트'를 시도하라.

신속형 유니콘 - 린 마누엘 미란다 LIN-MANUEL MIRANDA

뮤지컬 〈해밀턴Hamilton〉의 크리에이터이자 주인공은 신속형 유니콘의 가장 좋은 본보기다. 나는 그가 〈지미 팰런 쇼〉에 나와서 무작위로 주어진 세 단어를 모두 포함하는 프리스타일 랩을 즉석에서 만들어내는 작은 코너인 '휠 오브 프리스타일Wheel of Freestyle'을 했을 때 거듭 놀랐다. 그는 분명 천재이고, 그의 천재성은 부분적으로 속도에 기인한 것이다.

린 마누엘 미란다는 빨리 생각할 뿐만 아니라 빨리 행동한다. 몇 년 동안, 그는 일주일에 여덟 차례나 〈해밀턴〉 무대에 오르는 동안에도 아침저녁으로 사랑과 격려에 대한 생각을 사려 깊지만 너무 무겁지는 않게 트위터에 올렸다. 그리고 허리케인 마리아가 들이닥친 직후, 그는 즉시 푸에르토리코 사람들을 돕고자 행동을 취했다. 린 마누엘 미란다는 눈앞에 닥친 상황을 지나치게 복잡하게 생각하지 않는다. 그는 자신이 옳거나 효과 있다고 믿는 일을 곧바로 실행한다.

우리가 경험한 것

사업과 인간관계에서는 늘 빨리 반응하는 만큼 보상을 받는다.

내가 젊은 시절 담임목사였을 때, 우리의 새로운 교회가 지어질 동안 예배를 진행할 장소를 찾고 있었다. 교회 원로들 중 한 명이 장소를 물색하기 위해 나를 자동차에 태우고 주변을 돌아다녔다. 우리가 교회를 지으려고 구입했던 부지 맞은편에는 일요일 아침마다 비어 있는 YMCA 건물이 있었다.

원로 이사가 내게 말했다. "내가 YMCA 이사회의 의장을 알고 있어요. 그의 전화번호를 줄 테니 당신이 그에게 전화해서 우리가 일요일 아침마다 그 시설을 사용할 수 있는지 알아보면 좋겠군요."

나는 그에게 감사하다고 말한 후 다른 주제에 관해 얘기하기 시작했다. 우리가 사무실로 돌아왔을 때 내가 다른 동료들에게 1, 2분 정도 얘기를 건네고 있는데, 그가 내 말을 도중에 끊었다. 그는 내 눈을 바라보며 물었다. "YMCA 의장한테 언제 전화할 거예요?" 나는 대답했다. "이제 곧 하려고요." 솔직히 말해서 조금 짜증이 났다. 전화하겠다고 이미 말했는데 이렇게까지 소소하게 간섭할 필요는 없다는 생각이 들었다. 이 '기회'가 오히려 방해처럼 느껴졌다.

그의 반응은 어땠을까? "지금 당장 전화하는 게 어때요?" 그는 계속 말을 이었다. "나는 뭔가를 당장 처리할 시간이 있다면, 그때 가 그 일을 끝낼 수 있는 최상의 시간이라고 배웠어요."

물론 그가 옳았다. 그때 이후로 나는 신속한 사람들이 어떤 식으로 빠르게 행동해서 일을 처리하는지 몇 번이나 확인할 수 있었다.

신속함은 성공의 위대한 지표다

우리가 연락하는 후보자들은 대응 속도가 매우 느린 편이다. 이러한 유형의 리더들이 대응하는 시간은 이틀을 넘기기 일쑤다.

(a) 이미 우리의 레이더망과 네트워크 안에 있고, (b) 새로운 직업을 찾는 데 관심을 표현했으며, (c) 적극적으로 탐색한 후보자들의 일반적인 대응 시간은 여전히 느리고, 대체로 업무일 기준으로 하루 정도 걸린다.

우리가 문자나 이메일 또는 링크드인을 통해 어떤 후보자에게 연락을 취했을 때 1분 이내에 응답을 받는다면, 그것은 아주 눈길을 끄는 일이다.

후보자들 중 1퍼센트 미만이 1분 이내에 반응한다. 그리고 1분 이내에 대응하는 후보자들은 빠르게 성공한다.

문자에 즉시 응답한 1퍼센트가 자신들의 지위를 가장 오래 유지했으며(업무 만족도), 동료들에게 '매우 가치 있는' 사람이라는 평가를 받았다.

문자 메시지에 얼마나 신속하게 답하는가?

빠른 매체는 메시지다. 문자 메시지는 유망주의 마음에, 아니 적어도 의식에 가장 빠르게 전달되는 방법이다. 대부분의 문자 메시지는 3분 안에 상대가 읽었는지 확인할 수 있다. 그리고 문자 메시지를 받으면 대부분 빠르게 답변한다.

후보자가 우리가 찾는 부류에 적합한지를 알아보기 위해 우리는 또 다른 방법을 사용한다. 일부 사람들은 그것을 '경계성 함정수사'라고 부를 수도 있지만, 어디까지나 우리의 가치를 실제 상황에 대입했을 때 어떤 결과가 나타나는지를 알아보기 위해서다. 우리는 그다지 비밀스럽지 않은 '문자 테스트'를 진행한다.

새로운 후보자는 우리 팀으로부터 문자 메시지를 받는다. 반드시 면접을 담당했던 사람은 아니며, 어느 시점에 그들이 말을 걸었던 누군가일 수도 있다. 후보자는 늦은 밤, 아마 10시 30분쯤에 문자를 받을 가능성이 높다. 메시지는 아마도 "휴스턴 애스트로스가 올스타 브레이크(휴식 기간) 전에 50게임 이상을 이겼어요. 이런 팀들이 월드시리즈에서도 우승하는 경우가 몇 번이나 있는지 아시나요?" 하는 식의 조금 엉뚱한 질문일 것이다.

그들이 답을 하지 못한다고 해서 일자리를 잃는 것은 아니다. 그러나 처음 1분 이내에 "하하, 저 역시 애스트로스를 좋아한답니다"라고 답한다면, 그들은 대단한 보너스 점수(애스트로스를 좋아한다는 이유로)를 얻는다. 그리고 1분 이내에 답을 했다는 이유로 또 한 번의 점수를 얻는데, 이는 놀라운 반응 속도에 점수를 준 것이다.

그들이 "글쎄요, 확인해봤는데, 오직 세 팀만이 그렇게 했어요.

레인저스는 우승을 두 번 했고 애스트로스는 한 번 우승했죠. 애스트로스는 월드시리즈를 날려버렸고 레인저스는 두 번 다 승리했죠"라고 답한다면, 나는 다음과 같은 점을 알게 된다. (a) 반응 속도가 엄청나게 빠르다는 것, (b) 나를 감탄하게 만들었다는 것, (c) 항상 해결 중심의 삶을 살아왔다는 것, (d) 애스트로스를 빈정대며 전염성 강한 유머를 보여준 것 등이다. 이런 것들을 우리는 좋아한다!

늦은 밤 문자에 답하는 것이 간단하게 들리지만, 우리 채용 담당자들에게는 매우 효과적인 방법이다. 그런데 이제 이런 이야기를 털어놓았으니 문자 테스트를 더 이상 써먹을 수 없을 것이다.

이런 작은 테스트들이 면접의 일부라고 사람들에게 말해주지 않는다. 그들이 테스트에 통과하면 그제야 다음과 같이 알려준다. "우리는 업무시간 외의 시간에 적용하는 의사소통 지침을 갖고 있어요. 그렇다고 24시간 내내 무작위로 보내는 건 아니에요. 그렇지만 다음에 당신이 이메일을 받으면 우리에게 24시간 이내에 답하세요. 업무시간 후에 문자를 받으면 즉시 답장을 보내세요. 전화가 오면 바로 받으세요. 그것이 당신에게 스트레스를 줄 만한 일이라면 우리는 당장 테스트해보고 싶군요."

문자 테스트는 우리가 후보자의 성공을 예견하는 최상의 그리고 최고로 쉬운 도구들 중 하나이다.

유니콘이 전하는 말

우리가 조사한 것을 유니콘 데이터베이스로 보냈을 때, 겨우 2.6퍼센트만이 '신속함'을 최상의 특징으로 인정했다. 하지만 이 2.6퍼센트로부터 신속한 유니콘들이 갖고 있는 특징에 대해 많은 점을 발견했다.

군대 경력 덕분에 빨리 행동하게 되었다고 말하는 사람들이 있다. 군대에서는 속도와 빠름이 삶과 죽음의 경계를 가르는 문제로 이어지기 때문이다. 그들은 신속한 행동 습관을 가정뿐 아니라 직장과 개인 생활에까지 적용한다.

티모시 C.는 이렇게 말한다. "저는 군대와 육군 항공 경력 덕분에 신속하게 움직이는 습관이 몸에 뱄습니다. 둘 다 상황에 대한 빠른 판단과 신속한 의사 결정 기술을 요구하죠. 전투 중이거나 비행 중일 때, 신속함은 성공적인 결과를 얻기 위한 필수 기술입니다."

"결단을 내려라!" 패트리스 M.은 말한다. "결정을 내리기 위해 필요한 정보를 빠르게 모으세요. 물론 전부 모을 수는 없다는 걸 아셔야 합니다. 우리는 절대 모든 것을 알 수는 없으니까요. 단호하게 행동해라. 저지르고 앞으로 나아가라. 실패할지도 모른다는 두려움 때문에 실행하기를 주저하면 리더의 지위에 있는 사람들은 대부분 무력해집니다. 무엇보다, 모든 결정이 훌륭한 결정일 수는 없습니다. 그러나 빠르게 실패하고 배워야 합니다."

"미 해군에서 11년 동안 복무하며 고급 하사관으로 승진하는 동안 제 밑에서 복무하는 모든 군인들을 효과적으로 활용하면서 짧은 시간 안에 많은 일을 정확하면서도 빠르게 해내는 방법을 배웠습니다"라고 잭 J.는 말한다. "저는 매일 일과가 끝난 후에 다음 날, 다음 주, 다음 달에 해야 할 목록을 만들고, 필요한 요건들을 적은 설명서를 대조 검토해가면서 저를 포함한 각 군인들이 해야 할 목록을 만들었습니다. 저는 모든 일들이 정확하고 효과적으로 완수되었는지 확인하기 위해 체크 목록을 다시 살펴보곤 했습니다. 지금도 일할 때는 여전히 그렇게 합니다."

우리가 하는 일

신속한 사람들은 빠르게 대응하는 습관이 몸에 배어 있다. 하지만 우리 같은 보통 사람들은 이러한 기술을 평생 연마해야 한다.

당신이 그것을 타고났다면 스스로 알 것이다. 그리고 당신이 알기 전에, 당신의 부모님이 알 것이다. 아내와 나는 둘 다 매우 빠르게 반응하고 행동한다. 우리에게는 아이가 하나 있다. 모두가 윌리엄과 아드리엔의 유전자가 합쳐지면 어떤 일이 벌어질까 의아해했다.

딸아이 메이시는 이제 막 말을 하기 시작했다. 그러나 첫 번째 단어를 내뱉기도 전에 첫 번째 문장을 말했다. 어느 날 아침, 메이시는 걸음마를 하는 아기들을 위한 바운서(흔들의자)에서 놀다가 방 건너편에 자신이 좋아하는 장난감이 놓인 것을 보았다. 메이시는 나를 돌아보더니 말했다. "가져와$^{Do\ it}$!"

나는 소리 내어 웃으며 딸에게 장난감을 가져다주었다. 나이키의 '그냥 해$^{Just\ do\ it}$'라는 슬로건이 메이시에게는 너무 길었던 걸까? 딸아이는 (아기의 본분대로) 열심히 놀고 있었고, '그냥^{just}'까지 넣어서 말하기에는 갖고 싶은 마음이 급했을 테니까. 그때 이후로 딸아이는 묘하게 빠른 반응을 보였다.

메이시처럼 타고나지도 않았고 그렇게 양육되지 않았다고 해도 걱정하지 마라. 우리는 당신이 신속한 사람이 되도록 도와줄 수 있다.

방법이 있다

골프에서는 속도가 대세이다. 질량에 대해서는 할 말이 많지만, 속도가 주목받고 있다. 당신의 공이 티박스를 벗어나 멀리 날아가기를 원한다면, 그 공에 가하는 힘을 최대화해야 한다. 이를 위해 디자이너들과 물리학자들이 당신의 클럽헤드 속도를 최적화할 수 있는 새롭고 창의적인 방법을 생각해내고 있다.

재미있는 사실

골프 스윙에 시속 1마일의 속도를 더할 때마다, 당신은 비거리를 3야드 이상 더 늘리게 될 것이다.

운동 트레이너들은 신체의 속도를 높이도록 힘쓰지 않으면 나이를 먹어가면서 저절로 감소할 것이라고 상기시킨다. 속도는 우리 삶에서 '사용하지 않으면 잃어버리는' 부분이다. 신속하게 움직이는 연습을 하지 않는다면, 당신은 신속함을 잃게 될 것이다. 일상적인 삶의 대응 시간에도 똑같은 원칙이 적용된다.

속도 장벽을 깨는 방법

신속한 사람이 되고자 하는 당신의 잠재력을 방해하는 2가지가 있다.

1. 기회에 대한 접근
2. 두려움

기회에 대한 접근 : 당신이 메시지를 받지 않는다면 재빨리 반응할 수도 없다. 아마도 당신의 전화기가 다른 방에서 충전되고 있거나, 당신이 이메일을 열어보지 않았거나 또는 당신의 유일한 디지털 계정이 2004년에 만든 마이스페이스^{MySpace}일 수도 있다. 당신이

모든 곳에서 항상 연결될 수 있어야 하는 것은 아니지만, 처음부터 당신을 찾을 수 있도록 메시지와 기회를 허용해야 한다.

때때로 기회는 바로 눈앞에 있다. 기회가 당신을 찾아온 것이다. 아마도 당신은 문자 알림 소리를 듣거나, 또는 마술쇼를 보는 청중 사이에 앉아 있는데 마술사가 당신을 똑바로 가리킬 수도 있다. 그때가 두려움이 다가오는 순간이다.

앞에서도 말했듯이, 신속한 사람이 되는 것은 모든 것에 '예'라고 말하는 문제가 아니다(마술사는 다른 사람을 반으로 잘라야만 할 것이다). 중요한 것은 어떤 대답을 할지를 신속하게 결정해야 한다는 점이다. 두려움은 의사 결정을 마비시킬 수 있다.

가장 신속한 대응을 위해 생각해봐야 할 질문들 :

이것은 방해인가 혹은 기회인가? 다음번에 혹시 확신이 서지 않을 때는 다음의 표를 살펴보기 바란다.

방해	기회
당신의 목표에 더 가까이 가지 않음	당신의 목표에 더 가까이 감
당신의 변연계가 그것을 '너무 좋아'라고 함	당신의 뇌 전체가 그것에 동의함
그것의 가치보다 더 많은 시간, 돈, 자원이 소모됨	희생할 만한 가치가 있는 결과를 산출함

당신은 생각이 너무 많지 않은가? 두려울수록 생각이 많아진다.

생각을 많이 할수록 더 안전할까? 물론 생각을 많이 할수록 좀 더 알맞은 대답을 얻거나 가능한 모든 시나리오를 예측해볼 수 있다. '생각하는 것' 자체는 가치 있는 일이다. 하지만 생각이 너무 많은 것은 곤란하다. 내가 좋아하는 사람들 중 일부는 지나치게 생각이 많은 사람들이다. 그들은 신중하고 완벽하게 일을 해낸다. 하지만 그들은 다른 사람들이 자신의 반응을 어떻게 해석할 것인지에 너무 많이 신경 쓴다. 안타깝게도 그들이 3일 후에 보내는 멋지게 공들인 이메일은, 그 첫날 시간 내에 '예' 또는 '아니오'라는 답변이 필요했던 당신에게는 전혀 쓸모없다.

당신은 생각을 너무 많이 하지 않는가? 스스로에게 다음과 같은 질문들을 해보자.

- 나는 지금 대통령에게 보고할 준비를 하고 있는가? 나의 대응이 흠잡을 데 없이 완벽할 필요가 있는 것인가? 우리 대부분은 상황을 표면적으로 받아들인다. 솔직히 우리 대부분은 완벽한 답변을 해야 할 만큼 중요한 인물이 아니다. 문법과 철자가 맞는 것도 중요하지만, 세 문장의 문자 메시지를 〈뉴욕 타임스〉의 편집자에게 확인받기 위해 기다리고 있다면, 멈추고 그냥 보내라. 그래도 괜찮다.
- 내가 이 응답에 소비하는 시간과 비례할 만큼 중요한 일인가?
- 내가 이것을 지나치게 생각하고 있는가? 그런 의문이 든다면,

당신은 지나치게 생각하고 있는 것이다.

• 이것은 미래의 내 가족 세대까지 영향을 미칠 만큼 돌이킬 수 없는 일인가? 아니면 그냥 점심 주문일 뿐인가?

• 내가 현명한 것인가, 아니면 두려워하고 있는 것인가? 물론 천천히 답변해야 할 시기와 장소가 따로 있다.(윌리엄 콩크리브 William Congreve의 "성급한 결혼은 두고두고 후회한다"는 말이 떠오른다.) 그러나 그러한 시기와 장소는 아주 드물다. 신속하게 응답하고 다음 기회로 나아가라.

속도는 자신감에서 나온다

미셸 L.은 빠르게 대응하기 위해서는 자신감이 가장 중요하다고 말한다.

"저는 싱글맘 가정에서 자랐어요. 엄마는 우리한테 잡다한 일을 시키고는 언제까지 끝내야 할지 마감기한을 정해줬어요. 사소한 일까지 통제하지는 않았고요. 우리는 그런 과정에서 스스로 결정했어요. 그 일들을 해내면서 자신감을 갖게 되었어요. 리더로서, 저는 문제 해결을 위한 적절한 정보를 얻고 스스로 결정한 것들을 비판하지 않았어요. 완전할 필요는 없습니다. 때로는 실패하겠지만 실패에서 배우면서 계속 나아가야 해요. 회복할 수 없는 일이 그렇게 많지 않거든요."

신속한 유니콘이 되기 위해 필요한 사항

- 우리의 뇌는 우리가 항상 신속하기를 원하는 것은 아니다.
- 우리는 언제 신속하게 행동해야 할지 배워야 한다.
- 비즈니스와 인간관계에서 빨리 대응하는 것은 항상 이롭다.
- 새 드라이버가 반드시 골프 경기를 개선해주지 않을 것이다.
  그렇지만 개선해줄 수도 있다.
- 속도를 높이는 연습을 하라.

BE THE

2장

진정성 있는 유니콘

The Authentic

UNICORN

진정성 있는 유니콘

워런 버핏은 진정성 있는 리더십의 전형으로, 관련된 인용문도 본사가 있는 키윗 플라자Kiewit Plaza를 가득 채울 만큼 풍부하다. 그중에는, "명성을 쌓아 올리는 데는 20년이 걸리지만, 무너뜨리는 데는 5분이면 충분하다. 당신이 그러한 사실을 인지한다면 다른 식으로 일할 것이다"라는 말이 있다. 이 책을 내는 현시점에서 버핏은 세계에서 다섯 번째로 부유한 사람인데, 부분적으로는 진정성에 대한 강한 집착 덕분이다. 그는 실수를 인정하는 것이 얼마나 중요한지에 관해 여러 번 얘기하고 글로도 썼다.(물론 그의 더 유명한 문구들 중의 하나에 따르면, 다른 사람의 실수에서 배우는 것이 더 좋긴 하다.) 워런 버핏이 말하기를, 위대한 리더들은 기꺼이 "실수를 인정하고 다른 사람들도 그렇게 하기를 권한다"고 한다. 자신이 원하는 어떤 이미지든 충분히 연출할 수 있는 사람인데도, 버핏은 자신의 모습 그대로 성공과 평화와 소명을 찾았다.

구글 시대에 산다는 것은 더 이상 숨을 곳이 없다는 의미다. 당신이 어떤 비밀을 지녔든 곧 폭로될 것이다. 당신이 무엇을 약속했든 그것을 정말 이행했는지 드러날 것이다. 진정성은 최고 적임자와 그 나머지들의 차이를 빠르게 구분하는 요소다. 그렇다면 정신적 안정과 사생활을 유지하면서 동시에 진정성과 투명한 본모습을 발전시키는 방법은 무엇일까?

이 장은 투명성과 신뢰를 쌓는 방법을 보여주고, 그것이 당신을 뛰어나게 만드는 촉매제가 되는 이유를 설명할 것이다.

우리가 알고 있는 것

"나는 온라인에서 훨씬 더 멋져." 옛날 컨트리 송의 가사가 그 어느 때보다 진실이다. 사진은 윤색된다. 현실은 조작된다. 끝없는 인스타그램 필터와 소프트웨어를 가지고 당신은 실제 모습보다 온라인에서 더 멋진 모습을 보여줄 수 있다. 이런 시대에 자신의 일과 자신을 표현하는 것에서 진정성을 갖춘 사람은 아주 드물기 때문에 수요가 높다.

진정성에 대한 사실

온라인 데이팅 프로필에서 80퍼센트의 사람들이 거짓말을 하는 것으로 추정된다. 그러니 조심하시길!

지속 가능한 성공에는 진정성이 필요하다

〈애틀랜틱^{Atlantic}〉 잡지의 데릭 톰슨^{Derek Thompson}은 다음과 같이 지적했다. 당신이 캐스퍼 매트리스에서 잠을 깨서, 펠로톤 자전거로 운동하고, 우버 택시를 타고 사무실이 있는 위워크에 가고, 배달 대행 서비스 도어대시로 점심을 주문하고, 승차 공유 서비스 리프트를 이용해 집으로 돌아와서, 포스트메이츠를 통해 저녁을 주문했는데, 당신의 파트너는 이미 블루 에이프런^{Blue Apron}(조리법과 손질된 식재료를 배달해주는 서비스-옮긴이)을 이용해 식사를 시작했다면, 당신의 가정은 하루 동안 연간 약 150억 달러의 손실을 입은 수익성이 떨어지는 8개의 회사들과 교류한 셈이다.

그것은 마치 우리가 지난 10년 동안 전혀 진정성 없는 회사들과 사람들에게 수십억 원을 투자해온 것과 같다. 그럴듯한 말로 좋은 아이디어인 것처럼 떠벌리던 회사들이 실제로는 그만큼의 가치가 없는 것으로 밝혀졌다. 우리는 그 파도를 타고 따라가다가 다큐멘터리와 영화까지 이르렀다. 〈우린 폭망했다^{We Crashed}〉(위워크의 붕괴), 〈애나 만들기^{Inventing Anna}〉(애나 델비 사기 사건), 〈더 드롭아웃^{The Dropout}〉(테라노스, 엘리자베스 홈즈의 논란과 사기) 등이 그것이다.

말하자면 사람들은 혜성처럼 등장해서 일순간 유명해지고 그로 인해 추락하는 모습을 보는 것을 좋아한다.

눈부시게 화려한 것은 단거리에서 전력질주를 하는 데는 훌륭한 동기부여가 되지만 장거리 마라톤에서 승리하고자 한다면 진정성이 필요하다.

진정성에 끌리는 이유

우리는 어마어마하게 보여주는 문화 속에서 살고 있기 때문에 진정성을 두려워한다. 온라인에 무언가를 올릴 때는 자신을 모델(말 그대로)처럼 보이도록 때 빼고 광내고 다듬는다. 왜 모두 최고의 모습이 아니면 올리고 싶어 하지 않을까?

사람마다 다르게 느낄 수도 있지만, 문화가 변하고 있으며, 소셜 미디어에 상당한 시간을 쏟고 있다면 아마 그러한 변화를 눈치채고 있을 것이다. 영상을 보다 보면, 갑자기 '실제 일반인들'이 제품을 사용하면서 리뷰하는 화면이 등장한다. 소위 사용자 생성 콘텐츠(UGC)로, 평범한 사람이 어떤 제품이나 서비스의 리뷰나 시연 또는 언박싱(새 상품을 개봉하고 사용해보는 것-옮긴이)하는 장면을 게시하는 것이다.

최신 컬러 보정 메이크업을 하거나 흔한 티셔츠 대신 최신 트렌드에 따라 '배불뚝이 아빠 몸매'에 맞춘 티셔츠로 바꿔 입은 이 평범한 영희와 철수들은, 정말 우리와 똑같아 보인다. 사실 우리보다 더 못나 보일 때도 가끔 있다. 우리가 헤어스타일이나 몸매나 옷차림에서 그들보다 나은 듯 싶으면 자기만족에 빠져 약간 으쓱해질 때도 있다. 이상적인 모습을 보여주는 것은 한물가고 진정성이 대세다. 많은 브랜드들이 이상적인 이미지를 더 이상 매력적으로 바라보지 않는다. 진정성이 시장을 점유하고 있다.

우리는 UGC의 등장을 코로나19 덕분이라고 생각한다. 정말이다. 〈패스트 컴퍼니Fast Company〉(미국의 혁신 기업 및 혁신적 기업 활동을 주제로 출간하는 월간 잡지-옮긴이)는 2022년에 이러한 추세에 대해 연구했고, 팬데믹이 본격적으로 시작되자 예산이 많이 들고 부담이 가는 광고 촬영은 중단되었다는 사실을 발견했다. 일상이 '정상화되기'를 기다리는 동안, 브랜드들은 소비자들에 대한 진정성과 접근 용이성 때문에 UGC가 더 효과적이라는 사실을 알았다. 이제 유명 인사들에게 홍보를 부탁하며 수백만 달러를 쓰거나 인플루언서들에게 고액을 지불하는 관행으로 돌아갈 이유가 없다.

이러한 진정성 있는 접근은 소비자들의 행동에 나타나는 추세와 기가 막히게 잘 들어맞는다. 제품의 세부 사항이나 가격을 살펴보기 전에 리뷰를 먼저 확인하는 사람들이 점점 더 많아졌다. 정확한 정보를 확인하고 구매 결정을 하기 위해, 평범한 사람들의 진정성 있는 의견에 점점 더 많이 의존하고 있다. 누군가가 우리에게 무언가를 '팔려고' 마케팅을 한다는 것을 쉽게 알아챌 수 있지만, 자연스러운 입소문이야말로 진실된 정보의 근원이라는 것을 느낀다.

브랜드가 진정성(시장점유율)을 얻는 또 다른 방법은 진짜 매력적인 목소리를 내는 것이다. 우리 중 누가 우연히 패스트푸드 체인들

간의 트위터 '전쟁'을 스크롤하면서 많은 시간을 흘려보내거나, 게시물들이 재미있고 공감된다는 이유만으로 어떤 브랜드를 팔로우한 경험이 없겠는가? (나는 오클라호마주 야생동물보호국Oklahoma Department of Wildlife을 팔로우하고 있다.) 소비자들은 또한 어떤 브랜드가 자신들과 같은 가치를 지지할 때 긍정적인 반응을 보인다. 코카콜라의 사회적 영향력 또는 도브의 '진정한 아름다움을 위한 캠페인'을 생각해보라.

믿기 어렵겠지만, 브랜드에 효과적인 점들을 우리에게도 적용할 수 있다. 자신이 누구인지 알고, 지나치게 영업적이지 않고, 좋은 비평의 가치를 기억하는 것, 이러한 것들이 유니콘이 되기 위한 핵심이다.

진정성형 유니콘 - 그레타 툰베리 GRETA THUNBERG

아스퍼거 증후군이든 10대의 반항심이든 지구를 향한 열정이든 또는 이 3가지가 모두 합쳐졌는지는 모르겠지만, 그레타 툰베리는 자신이 본 그 대로 말한다. 우리가 보는 툰베리의 모습이 바로 툰베리 자체이다. 그녀는 환경을 해치는 사람들과 관행들을 소리 높여 비난한다. 그녀는 대기의 탄소 부하를 상당 부분 항공산업 때문이라고 비난하며 친환경적으로 더욱 책임감 있는 방식으로 여행하는 것으로 유명한데, 이는 일종의 이중적인 임무를 수행하는 것이다. 말하자면, 그녀는 환경을 의식하는 여행이 보통 사람들에게는 얼마나 실천하기 어려운지를 보여주는 동시에, 자신이 전하는 바를 실행하는 것이다. 그레타 툰베리에 대한 충격적인 폭로는 없을 것이다. 그녀에게는 다른 면이 없기 때문에 우리는 그녀의 다른 면을 볼 수 없다. 파파라치는 언제까지나 기다릴 수 있겠지만, 그레타 툰베리가 전용기를 타거나, 고래 고기를 먹거나, 그녀의 집 마당에서 타이어 더미를 태우는 모습은 절대 건질 수 없을 것이다. 그녀를 어떻게 생각하든 기후 운동가 그레타 툰베리의 진정성은 부인할 수 없다.

우리가 경험한 것

나는 최근에 진정성 있는 사람 중 하나라고 믿는 사람과 골프를 쳤다. 그의 직업 경력에 대해 묻자, 그는 우버에 있을 때 독하고 빠르게 승진했다고 대답했다. 그에게 왜 그 직장을 떠났느냐고 물었더니 이렇게 대답했다. "저는 해고되었어요." 신선할 정도로 솔직한 대답이었다.

진정성은 완벽하지 않다

진정성을 갖추는 데 중요한 것들과 완벽함을 갖추는 데 중요한 것들은 다르다. 사실 완벽함은 불편함을 줄 수 있고 그다지 매력적이지도 않다.

당신은 해고당한 적이 있는가? 나는 해고당한 적이 있다. 당신은 그것을 인정한 적이 있는가? 나는 몇 년 동안 면접을 하면서 이 질문을 한다. 직장에서 해고당한 적이 있다고 답변한 사람이 실제로 얼마나 되겠는가? 내 경험에 의하면, 대략 0.5퍼센트만이 그렇게 대답했다.

그 사실을 인정한 사람들에게 온갖 다양한 해고 사유를 들었다. "우리는 서로 철학적인 견해가 달랐어요." "회사가 다른 회사와 합병되면서 정리해고가 되었어요." 또는 내가 가장 좋아하는 답변이기도 한데, 다음과 같이 말하기도 한다. "제 전성기가 끝나가는 것

같았어요." '전성기가 끝났다'는 답변을 들으면, 나는 그것이 가벼운 이유 때문이었는지 아니면 중대한 죄를 범했는지 캐물어서 더 알아내고 싶다.

수천 명의 후보자들을 대상으로 면접을 본 후, 미래에는 실수를 숨기고 허우적거리는 모습을 변명하느라 급급한 현재와는 다른 시대가 올 것이라고 예상한다. 진정성 있는 자가 보상을 받고 그럴듯하게 가장하는 무리들 위에 우뚝 서는 시대로 가고 있다고 믿는다.

채용 담당자들이 진정성 있는 사람을 선호하는 이유

채용 담당자들이 최악으로 여기는 것은 자신이 고용한 사람이 겉보기와 다르다는 사실을 알게 되었을 때가 아니다. 당신이 일처리에 서툴고, 지각을 하고, 온보딩(신입사원이 조직 구성원이 되기 위한 교육과정-옮긴이) 문서 업무를 건너뛴다고 해도 이러한 문제들은 얼마든지 처리할 수 있다. 그저 진정성 없게 굴지만 않으면 된다. 진정성 없는 태도는 자원 낭비와 소송 그리고 홍보 악몽으로 이어진다.

진정성은 가장 매력적인 모습을 보이라는 의미가 아니다

그러나 얼마만큼 진실해야 하는가? 나의 아버지는 노스캐롤라이나의 작은 마을(메이베리라고 생각된다)에서 변호사로 일할 때, 아모스라는 남자를 자동차 사고 재판의 증인으로 세울 준비를 하고 있었다. 아모스는 마을에서 가장 붐비는 곳, 즉 주요 간선도로 2개가 만나는 교차로 부근 주유소에서 일하고 있었다. 4차선에 신호등도 2개 이상이었다.

아버지는 다음 날 열릴 재판을 위해 아모스를 준비시켰다. 아모스는 핵심 증인이었다. 그러나 처음에는 아버지가 힘들어했다. 아버지가 그에게 모의 질문을 할 때마다 아무런 답변도 얻어낼 수 없었다. 아모스는 그저 "기억이 안 나요"라는 말만 계속했다.

그는 그 말만을 되풀이했다. 아버지는 그에게 마음을 터놓아야 한다고 말했다. 그러자 아모스는 세세하게 사소한 모든 얘기를 끊임없이 털어놓았다. 아버지는 다시 그의 말을 끊고 나서, 훌륭한 증인은 자신이 알고 있는 것을 적당한 분량으로 말한다고 설명했다. 그러자 아모스는 아버지에게 말했다. "밴더블로맨 씨, 제가 제대로 이해한 게 맞나요? 그러니까 당신 말은 '항상 진실을 말해야 하는 건 맞지만, 모든 상황에서 그럴 필요는 없다는 건가요?'"

아버지는 그 한 문장이, 적어도 로스쿨에서 배웠던 것의 절반을 차지한다고 말했다.

실패에 대해 정직하라

오래전에 나이 지긋한 현명한 멘토가 내게 말했다. "사람들은 네가 성공하면 고개를 끄덕일 것이다. 네가 실수하면 비웃을 것이다. 그러나 네가 실패를 어떤 식으로 다루는가는 기억할 것이다."

나는 임원을 스카우트하려고 애쓰던 초창기에 한 젊은 목사를 면접했다. 그는 새로운 교회에 일자리를 알아보고 있었는데, 편의상 존이라고 부르자. 존은 기껏해야 스물다섯 살 정도 되어 보였는데, 우리는 면접을 보는 동안 꽤 즐거운 시간을 보냈다. 그는 솔직하고 개방적이며, 내가 예상했던 것보다 훨씬 덜 긴장하고 있었다. 그는 자신보다 나이가 두 배는 더 많고 두 배는 더 훌륭한 자격을 갖춘 다른 후보자들보다 훨씬 침착하고 자신감이 있었다.

(여담으로, 물이나 커피를 권하자 존은 커피를 마시겠다고 했을 뿐 아니라 자신

의 취향까지 말했다. 대부분의 후보자들은 정중하게 거절했다. 그는 진짜 자기 모습을 보여주는 것을 두려워하지 않았다. 당신도 음료를 권유받는다면 이와 같이 해도 괜찮다.)

존은 농담도 잘하고 맞장구도 잘 치면서 소위 티키타카를 잘했다. 지금처럼 그때도 나는 말미에 항상 묻곤 하던 질문이 있었다. 혹시 비밀이 있거나 고용주가 나중에 알게 되었을 때 놀랄 만한 일이 있는지를 가리기 위한 질문이다. 젊은 사내로서, 나는 온갖 질문을 해대곤 했다. 그에게 "과거에 도덕적으로 잘못을 저지른 적이 있나요?"라고 물었다.

그 젊은 후보자는 나를 보며 대답했다. "밴더블로맨 씨, 저는 도덕적 실패자예요."

그의 대답에 나는 충격을 받았다. 하지만 그는 일자리를 얻었다.(오해하지 말기 바란다. '도덕적 실패자'라는 대답은 "우리 모두는 죄를 지었으며 신의 영광에 미치지 못한다"라는 의미로 신학적 관점에서 나온 말이다. 십계명과 미국 법률을 광범위하게 적용해본들 그는 결백했다.)

존은 내가 아는 사람들 중 최고로 진실한 사람이다. 항상 옳다고 여긴 일을 하려고 노력했고 세상을 더 좋게 만드는 데 자신의 삶을 바치고 있다. 그는 도덕적 실패자라고 말한 이후에, 내가 이제껏 들었던 중 가장 진정성 있는 대답을 했다.

존은 인터넷이 주류가 된 시기에 대학에 입학했다. 그리고 인터넷이 대세가 되자 인터넷상의 부적절한 콘텐츠도 대세가 되었다.

존 이전의 모든 세대들이 인터넷을 이용할 수 있었다면, 얼마나 많은 사람들이 부적절한 사이트를 찾아 문제를 일으켰을지 상상할 수조차 없다.

존은 대학 생활 초기에, 접하지 말았어야 할 웹사이트 몇 개를 우연히 보고 말았다. 얼마간의 시간이 흐르자, 이 문제를 여자 친구(지금의 아내)에게 반드시 털어놓아야 한다는 사실을 깨달았다. 존은 이러한 사실을 모두 털어놓았고, 나는 "그래서 어떻게 했나요?"라고 물었다.

"상담을 요청했어요."

"어떤 종류의 상담이었죠?"

"저는 해병대 훈련 담당 하사관 출신의 남자를 알게 되었어요. 그의 상담을 받으려면 지원을 하고 기다려야 했죠. 첫 상담에서 그는 다음에 만나서 제게 거짓말탐지기를 사용해서 저의 전반적인 성 이력에 대해 질문할 것이라고 했어요. 제 여자 친구가 동석한 상태에서요."

존의 정직함에 나는 어안이 벙벙할 지경이었다. 동시에 전직 해병대원은 절대 상담가로 고용하지 않겠다고 마음에 새겨두었다.

존은 오랫동안 상담을 지속했다. 상담가는 마침내 존에게 성도착 증상에서 벗어났으니, 더 이상 상담하러 오지 않아도 된다고 말했다.

존은 자신의 실수에서 배우는 놀라운 능력을 보여주었다. 심지어 그것을 자신이 앞으로 나아가기 위한 하나의 교훈으로 삼았고, 자신을 고용하기 위해 힘썼던 나에게 숨김없이 털어놓았다. 그는 진정한 자신이 될 만큼 용감하고 뛰어난 사람들이 어떻게 실패를 성공의 구심점으로 사용할 수 있는지에 대해 강력한 교훈을 주었다.

모든 사람들이 실수를 저지른다. 진정성 있는 사람은 자신의 실수를 적절하게 공유할 수 있다.

유니콘이 전하는 말

설문 응답자들 중에 17.36퍼센트(어떤 특성보다 많음)가 자신들은 누구보다 진정성이 뛰어나다고 말했다. 많은 유니콘의 특성이 그렇듯이 진정성은 직업 생활에 유리할 뿐 아니라 개인 생활에도 많은 도움이 된다.

보다 나은 관계 형성하기

유니콘들은 진정성이 있으면 가치 있는 2가지 관계 자산인 확신과 신뢰를 팀 내에서 쌓을 수 있다고 말한다.

앤디 P.는 다음과 같이 말한다. "저는 진정성이 팀을 구성하는 데 가장 중요한 자질이라고 생각해요. 진정성은 확신과 신뢰를 가져다 줍니다. 왜냐하면 당신이 말하는 그대로의 사람이라는 것을 팀이 믿을 수 있기 때문입니다. 최근에 업무 수행 기준을 충족시키려고 애쓰던 팀 동료가 한 명 있었어요. 저는 이것으로 그녀에게 주의를 줄 필요가 있었지만, 바로 최상의 업무 수행 기준을 충족하지 못한 나 자신의 실수를 인정했어요. 저는 그녀가 기준에 도달하도록 다그치면서 저 역시 너무 부족했다는 사실을 그녀에게 솔직히 털어놓았어요. 이와 같은 상호작용으로 저의 리더십에 더 깊은 신뢰와 확신이 생겼어요."

"사람들은 자신들의 리더가 진정성을 가지고 있기를 갈망합니다"라고 안젤라 F.는 말한다. "우리는 상처 입기 쉬운 존재이며 자신의 강점과 약점에 대해 마음을 연다면 교감을 이루고 신뢰를 쌓는 데 도움이 돼요. 우리 모두 좀 더 진정성을 가질 수 있어요."

의도적으로 관계를 맺는 데도 진정성이 도움이 된다고 모니크 T.는 말한다. "저는 진정성이 있을 때 다른 사람들로부터 더욱 존경받을 수 있다고 굳게 믿어요. 진정성을 보여주면 다가가기 어려운 벽을 허물기가 쉬워져요. 저는 진정성을 갖추면 다른 영역에서도, 특히 다른 사람들과 진정으로 의미 있는 관계를 맺는 데 도움이 된다고 생각해요. 그러면 사람들은 진정한 자신이 되는 것을 안전하게 느끼게 되죠."

공개 연설을 많이 하는 글렌 S.는 자신을 있는 그대로 보여주는 것이 청중들과 연결되는 데 도움이 된다고 말한다. "그것은 진정한 관계로 가는 문을 열어줍니다. 자신이 먼저 약한 부분을 드러내면 다른 사람들도 자신의 실패를 인정하고 완벽이라는 가면을 벗기 시작합니다."

있는 그대로 보여주는 것의 이점

토머스 S.는 진정성에는 좀 더 세밀한 이점이 있다고 말한다. "진정성에는 2가지 주요 이점이 있습니다. 그것은 생각이 비슷한 사람들을 끌어당기고, 그렇지 않은 사람들을 멀리 떨어뜨린다는 점입니다."

진정성은 심리적 안정으로도 이어진다. 당신이 진정성이 있을 때, 사람들은 당신이 어떤 사람이고, 당신에게 무엇을 얻을 수 있는지를 안다. 우리의 상사들은 우리가 생각지도 못한 지점에서 예측할 수 없는 행동을 한다. 그들은 점심으로 피자 파티를 한 후 반나절 동안 훈수를 둔다거나, 금요일 5시 반에 갑자기 2주 안으로 보고서를 제출하라고 요구한다. 누군가의 진짜 모습을 모르면, 우리는 불안하고 위태롭게 느껴진다.

레이 앤 B.는 이렇게 말한다.

"저는 제 자리에서, 모든 상황에서 한결같이 행동하는 것이 얼마나 중요한지를 알게 되었어요. 그래야 팀원들이 제가 어떤 사람인지 알고 의사 결정 과정에서도 일관성이 있다는 사실을 알게 되니까요. 말하자면 어떤 상황에 어떻게 대처할지를 알게 되고, 그로써 더 나은 팀워크를 만들게 되죠. 불확실성을 제거하고 더 안정적인 업무 관계를 이루는 거예요."

"저는 집, 직장, 체육관, 교회 등 제 삶의 모든 영역에서 온전한 제 자신으로 살아가요"라고 홀리 J.는 말한다. "사람들이 저의 진정한 모습을 보고 신뢰한다는 사실이 매우 중요해요. 결국 사람들이 안전하다고 느끼고, 보이는 대로 받아들이고, 그들 자신이 될 수 있도록 도와주거든요."

샐리 M.은 24시간 내내 진정성을 보여주는 것이 어떻게 다른 사람들에게도 진정성의 문을 열어주는지를 알고 있다. "저는 확실히 '보이는 그대로의' 사람이에요. 제가 사람들에게 개방적이고 정직하게 행동하면, 비록 저의 약점을 드러내는 일이라도 상대가 편하고 쉽게 진정성을 보여줄 수 있다고 생각해요. 그렇다고 해서 사람들이 반드시 진정성 있게 행동할 것이라고 보장할 수는 없지만, 분명 도움이 된다고 믿어요."

진정성은 수고를 덜어준다

영화나 드라마 속 인물들을 생각해보자. 마이클 도시, 독신자 킵과 헨리, 대니얼 힐라드, 추방당한 시카고 시민인 조와 제리, 바이올라 존슨.(차례대로 〈투시Tootsie〉, 〈죽마고우Bosom Buddies〉, 〈미세스 다웃파이어〉, 〈뜨거운 것이 좋아〉, 〈쉬즈 더 맨〉의 주인공) 이들의 공통점은 무엇일까? 자신의 진짜 모습을 숨기는 데 어마어마한 시간과 에너지를 소모했다는 점이다. 그들의 여정은 진지한 생각을 하게 하고, 마음을 따뜻하게 하며, 때로는 아주 재밌기도 하다. 그러나 그러한 이야기에서 이끌어낸 유일한 교훈이 있다면, 그냥 자신을 있는 그대로 드러내는 것이 훨씬 덜 수고스럽다는 것이다. 게다가 항상 들통이 나고 만다.

브렌던 P.는 절대 자신의 진짜 모습을 감추기 위해 터무니없는 짓을 하지 않는다. 그는 "사람들은 일관성이 없다는 것을 매우 빨리 알아차리고, 신뢰는 쌓기보다 잃기가 훨씬 더 쉽다"라고 경고한다. "그저 진실을 말하면 온갖 거짓말을 끼워 맞추느라 신경 쓸 필요 없습니다. 일관성과 진실성을 유지하면 다른 맥락에서 어떻게 보이거나 어떻게 스스로를 표현해야 할지 신경 쓰지 않아도 되거든요. 관리하기가 훨씬 쉽고 좋은 평판을 유지할 수 있으며 사람들과 관계를 맺는 데도 유리합니다."

크리스틴 M.도 동의한다. "진정한 자신을 받아들이는 것이 가장 좋습니다. 사람들은 당신이 진실할 때 용서하고 은혜를 베풉니다. 게다가 오락가락하면 훨씬 더 많은 노력과 에너지가 들어갑니다."

마지막으로, 프랭크 A.는 진정한 자신이 되는 것만이 유일한 방법이라는 것을 경험을 통해 알게 되었다. "두 번의 부상을 입은 참전 용사로서, 저는 인생이 짧고 쉽게 무너질 수 있다는 것을 실감합니다. 저는 이중적인 사람이 아니며, 24시간 365일 내내 한결같은 사람입니다."

우리가 하는 일

당신의 성격이 어떻든지 간에 진짜가 아닌 삶을 사는 것이 훨씬 더 어렵다. 〈애나 만들기〉는 단순히 제작사 숀다랜드Shondaland의 또 다른 히트작이 아니다. 그것은 교훈적인 이야기다. 뉴욕의 사교계 명사들에게 당신이 독일 출신 상속녀라고 속이는 것보다, 덜 화려하더라도 당신 자신이 되는 것이 더 낫다. 또한 그래야 감옥에 가지 않는다.

투명성이 신뢰를 만든다

우리가 투명성에 얼마나 많은 가치를 부여하고 있는지 알게 되더라도 당신은 놀라지 않을 것이다. 내가 동료와 기밀 사항을 의논하는 것이 아니라면, 나는 항상 문들을 열어두거나 복도나 공용 공간에서 대화를 나누고, 누가 내 말을 듣든 말든 개의치 않는다. 우리 팀은 내가 하는 말이 무엇이든 들을 수 있다. 그것은 확신과 신뢰를 형성한다.

정직도 마찬가지다. 면접을 보는 자리에서 해고된 사실을 털어놓는 사람은 상당한 신뢰감을 주기 마련이다.

정말 솔직담백하게 말하는 사람에게는 신선한 활기가 돈다. 나는 애나(사기꾼 애나 델비가 아니라 다른 애나)가 자신의 경력과 잘 진행되었던 일에 대해 말했던 때를 기억한다. 그녀는 매우 뛰어났고 직장에서 지위가 계속 올라갔지만, 이력서상으로 한 번 주춤한 적이 있다. 그것에 관해 묻자 그녀는 간단히 대답했다. "해고되었어요. 제가 어리석은 결정을 내렸고 제 일을 제대로 수행하지 않아서 해고되었죠. 제가 관리자였더라도, 저를 해고했을 거예요."

면접을 보는 자리에서는 그 말이 본인에게 불리하게 작용할 것처럼 보이지만, 실제로는 그 반대였다. 왜일까? 이렇게 부담이 큰 상황에서는, 늘 그렇듯이 사람들이 투명하지 않기 때문이다. 사람들은 대체로 진실하지 않다. 당신이 진정성 있는 사람을 찾아낼 수 있다면, 군중 속에서 돋보이는 사람을 찾아낸 것이다. 유니콘이 되기를 원한다면, 진정성을 갖춰야 한다.

진정성을 높이는 방법

면접 자리에서 존이 했던 것처럼, 당신도 실수한 이야기를 두려워하지 말고 털어놓아라. 물론 무리할 필요는 없다. 그렇다고 사생활을 지나치게 드러내라는 것이 아니다. 진정성 있는 사람들은 자신의 실수를 겸허하게 털어놓음으로써 사람들을 한데 아우를 줄 안다. 그들에게서 진정성 있는 사람이 되는 법을 배우게 될 것이다.

┃ 실수를 인정하라

이것은 스스로를 십자가에 매달거나, 항상 '부끄럽다'고 울면서 당신 옆을 걷는 키 큰 수녀를 고용하라는 의미가 아니다. 실수를 인정하고, 당신이 애쓰고 있다는 사실을 인정하고 앞으로 나아가라.

다이애나 A.는 이러한 결론에 이르게 됨으로써 자유로워졌다. "저는 항상 진실했지만 제 실수를 기꺼이 인정하는 편은 아니었어요. 그런데 실수를 인정해야만 하는 입장에 놓이게 되었죠. 일단 인정하고 나자, 그것이 얼마나 자유로운 것인지 알게 되었습니다. 자신의 실패를 인정하면 더 빨리 건강하게 성장할 수 있어요. '진실이 너희를 자유롭게 하리라'는 정말 맞는 말입니다."

이러한 연습들은 진정성을 기르는 데 좋을 뿐만 아니라, 실수를 하고 그것을 인정하면 애초에 그것을 '제대로' 했을 때 얻는 것보다 훨씬 더 나은 지식을 얻을 수 있다. 연구자들은 오류를 인정하고 "오류에 이르게 하는 추론 분석을 포함해서 수정 피드백"을 받는 것이 얼마나 중요한지를 발견했다. 그리고 위험성이 낮을 때 실수하면 위험성이 높을 때 실수할 확률이 훨씬 줄어든다. 그러니 전진하라. 당신의 실수를 인정하고 실수로부터 배워라. 그러면 다음에 제대로 해낼 것이다.

┃ 힘들 때는 인정하라

겸손이 여기서 다시 빛을 발한다. 당신이 모든 것을 파악하지 못했다는 사실을 인정하는 것이 진정성이며, 그렇게 해야 직면한 문제를 해결할 방법을 찾는 데 도움이 된다.

"저는 힘들 때, 그 사실을 숨기지 않아요"라고 글렌 H.는 말한다.

"솔직해지려고 애쓸 뿐, 제 자신이 아닌 사람이 되려고 노력하지 않아요. 그런 점 때문에 다른 사람들이 제가 말하는 것을 선뜻 받아들이죠."

그러기가 쉽지는 않다고 채드 S.는 말한다. 특히 권위 있는 자리에 있을수록 더욱 그렇다. "리더는 자신이 어려울 때나 해답을 알지 못할 때 그 사실을 알리기를 꺼리는 경우가 많아요. 하지만 리더가 진정성을 보여주면 팀원들은 좀 더 관용과 인내를 베풀어줍니다." 진정성을 갖는다고 해서 일이 쉽게 풀린다는 것이 아니다. 단지 해결책을 찾아가는 길에 장애물이 적다는 뜻이다.

▍당신의 진정성을 현명하게 사용하라

당신이 아무리 진정성이 있더라도, 모든 사람들을 만족시킬 수 없다는 사실을 기억하라.

"모든 사람을 만족시키는 것은 불가능하다는 마음가짐이 당신을 자유롭게 할 것입니다"라고 샘 T.는 말한다. "당신이 모든 사람을 만족시키고 있는지를 걱정하고 있다면, 소중한 정신적, 정서적 에너지를 낭비하는 것입니다."

진정성의 위험 신호

진정성이 있는 것처럼 꾸며서는 안 된다. 약점을 드러내면 신뢰 관계를 맺을 수는 있지만, 그것이 100퍼센트 진짜가 아닐 때는 부정직하게 조작하는 것이다. 그러한 가식에 빠지지 않으려면 다음과 같은 질문을 스스로에게 해보라.

- 내가 진정으로 마음을 터놓고자 하는 것인가, 아니면 취약함을 드러내는 것이 추세이고 지름길이 될 수 있다고 생각하기 때문인가?
- 나의 '진정성'이 나를 희생자로 만들고 있는가? 자신의 문제점을 실제로 인정할 수 있는 사람은 거의 없다. 한 상담 전문가가 내게 말했다. "이혼을 경험한 모든 사람들이 그 상황을 이겨내기는 하지만, 실제로 완전히 회복되는 사람은, 실패한 결혼 생활의 일정 부분은 자신에게도 잘못이 있다고 말할 수 있는 사람들입니다. 이렇게 하는 사람은 드물지만, 그렇게 하는 소수의 사람은 더 빨리 회복해요."
- 내가 드러내놓고 말하는 것이 도움이 될까? 진정성 있다는 것이 자신의 고충을 여기저기 털어놓는다는 의미는 아니다. 그리고 무례한 사람이 되어도 괜찮다는 의미도 아니다. 말하기 전에 생각해야 한다.

진정성 있는 유니콘이 되기 위해 필요한 사항

- 우리의 뇌는 진정성을 갈망한다.
- 진정성은 신뢰와 자신감을 구축해서 많은 힘든 일을 해낼 수 있다.
- 당신은 완벽할 필요가 없으며, 그저 진실하면 된다.
- 실수는 해도 괜찮다. 그로 인해 당신은 더 나은 사람이 된다.
- 예기치 않은 상황에 처했을 때 이런저런 변명을 늘어놓느니 솔직하게 얘기하는 것이 더 낫다.

BE THE

3장

민첩한 유니콘

The Agile

UNICORN

민첩한 유니콘

"변화하려면 가장 좋은 방법은 일단 하는 것입니다. 그런 다음 얼마간의 시간이 지나면 당신은 그것을 완료할 테고요. 쉬운 일입니다"라고 우르술라 번스Ursula Burns는 말한다. 뉴욕의 로어 이스트 사이드 지역에서 가난하게 자란 번스는 세계에서 가장 영향력 있는 여성 기업가가 될 사람으로는 보이지 않았다. 그녀가 다녔던 가톨릭 학교에서는 3가지 직업을 선택할 수 있다고 가르쳤다. 선생님, 간호사, 수녀. 그녀는 그중 어느 것에도 끌리지 않아 다른 길을 찾았다.

2012년에 런던비즈니스스쿨과의 인터뷰에서 번스는 말했다. "대학 학위를 받았을 때 가장 많은 돈을 벌 수 있는 직업이 무엇인지 고민해봤어요. 화학공학 기술자가 되는 것이 최선의 선택으로 보였어요. 그래서 제가 말했죠. '좋아, 그게 바로 내가 할 일이야.'" 번스는 경영진이 되는 일은 꿈도 꿔본 적 없지만, 자신이 가는 길에 맞닥뜨리는 모든 기회를 받아들이고 적응했다. 제록스에서 엔지니어링 인턴 사원으로 시작해 그 회사의 CEO가 되기까지, 번스는 우리에게 민첩함의 힘을 보여준다.

집에 아장아장 걷는 아기가 있으면 부모는 민첩해질 수밖에 없다. 부모들을 항상 긴장시키는 것은 만족할 줄 모르는 호기심과 미심쩍은 판단력 그리고 작고 비싼 물건들을 집어 변기에 던져 넣는 기동성을 가진 작은 인간이다.

내가 거실에서 스트레칭을 하고 있을 때 딸 메이시가 '도와주러' 오기 전까지, 나는 항상 꽤 유연하고 날렵한 아빠라고 생각했다. 딸은 자신만의 스트레칭을 하기 시작했다. 갑자기 아쉬탕가 요가의 달인이라도 된 것 같았다. 지금까지 본 중 가장 귀여운 프레첼(매듭·막대 모양의 짭짤한 비스킷-옮긴이)이었다.

한편 나는 내 발가락까지 손을 뻗으려고 고군분투하고 있었다. 하루하루 날이 갈수록 유연성이 약해지는 것이 분명했다. 나뿐만이 아니라 우리 모두 마찬가지다.

민첩성에 대한 사실

한 물리치료사가 주말에 받았던 평생교육 수업에 대해 이야기해주었다. 노인 물리치료에 관한 수업이었는데, 그녀는 냉엄한 사실 하나를 알려주었다. 일단 사람이 바닥에서 스스로 일어날 수 없게 되면, 그 사람의 기대수명은 5년 미만이라는 사실이었다. 민첩성을 길러야 한다.

민첩형 유니콘 - 리조^{Lizzo}

그녀는 휴스턴에서 태어나지 않았지만, 휴스턴 사람들은 리조를 자신들의 일원으로 자랑스럽게 생각한다. 리조는 굉장히 빠른 안무를 하면서 연주를 하는(플루트 공연 중 트월킹은 물론이고 중간중간 찰진 욕까지 들어간다) 정통적으로 훈련된 플루트 연주자이다. 그녀는 오늘날 신체적으로 가장 민첩한 연주자로 유명하지만 그것은 일부일 뿐이다. 2022년에는 '걸스^{Grrrls}'라는 제목의 노래를 발표했는데, 이 노래에는 장애인을 비하하는 단어가 들어 있었다. 그녀의 인스타그램 팔로어들이 이것을 지적하자 리조는 즉시 가사를 수정하고 팬들에게, "미국에서 뚱뚱한 흑인 여성으로 살면서, 나를 상처 주고 공격하는 말들을 많이 들어왔기 때문에 이러한 단어들이 어떤 힘을(의도했든, 제 경우처럼 의도하지 않았든) 가지고 있는지 너무나 잘 알고 있습니다"라고 말했다. 이것은 그야말로 민첩한 행동이다. 빠르게 대응해서 변화하는 민첩성뿐만 아니라 한 인간으로서 배우고 성장하는 민첩성이다.

우리가 알고 있는 것

우리는 실시간으로 우리 신체에 무슨 일이 일어나고 있는지 잘 알고 있기에 군이 과학적인 근거까지 동원할 필요가 없다. 나이가 들수록 90분 내내 축구 경기를 뛰기가 어렵고, 부엌에 들어와서는 무엇을 하려고 했는지 깜박하곤 하는 것만 봐도 알 수 있다. 〈사이언티픽 아메리칸Scientific American〉에서 실시한 연구에 따르면 성인은 새로운 언어를 유창하게 말하기가 어렵다고 한다. 그런데 어린 학습자들은 바닥에 떨어진 자신의 옷을 집어 드는 것만큼 수월하게 중국어를 익히는 것처럼 보인다.(물론 모든 부모는 아이들이 그렇게 할 수 있다고 해서 그렇게 하지는 않는다는 것을 알고 있다.) 아이들의 정신은 그들의 몸만큼이나 유연하다.

나이가 드는 것은 민첩성이 떨어지고 있다는 의미다. 우리는 매일 몸의 유연성을 조금씩 잃어가고 마음의 가소성도 줄어든다.

팀과 조직에서도 비슷한 일이 벌어진다. 당신이 직장에서 일하는 방식에 대해 생각해보라. 회의 구성과 운영 방식이 '항상 그렇게 해왔기 때문'이라고 정해져 있지 않은가? 아마도 오래전에 누군가 어떻게 해야 하는지를 결정한 이후로 계속 그래 왔을 것이다. 그런 면에서 우리는 잠자기 위해 헛간으로 돌아오는 소들과 비슷하다. 그 특정한 길이 최선인가? 가장 효율적인가? 누가 알겠는가? 그것은 그들이 항상 이용했던 방식이다. 조직의 문화에 따라, 왜 그런 방식을 고수하는지 의문을 제기하는 것은 그것을 묻는 사람(소는 말할 것도 없고)에게 해로울지도 모른다. 자신 없는 리더들에게 평지풍파를 일으키는 것은 위험한 일이고, 결국 목소리를 크게 내는 사람들은 완전히 교체되기도 한다. 우리는 당신이 그런 직장에서 일하지 않기를 바란다. 하지만 당신이 그런 곳에 있다면 이제는 떠나야 한다는 신호다. 더 나은 기회를 찾아서.

거센 파도에서 살아남을 능력이 있는가?

세계는 변화하고 있으며, 민첩성이 그 어느 때보다 중요하다. 캐나다 총리 쥐스탱 트뤼도는 말했다. "변화는 그 어느 때보다 빠르게 이루어지고 있지만, 더 이상 이보다 더 천천히 움직이지는 않을 것입니다." 세계는 우리에게 변화로 향하는 초대장을 보내고 있다. 우리가 고개를 숙이고 그 초대장이 사라질 때까지 기다릴 수 있다고 생각한다면, 틀렸다. 변화는 격랑과 같고, 그것을 거슬러서 헤엄치는 것은 소용없는 일이다. 민첩한 사람들은 그것에 맞서 싸우는 것이 아니라 물결을 타고 헤엄치면서 변화를 받아들인다.

민첩한 사람들은 늘 번창한다

민첩한 사람들은 어떤 상황에서도 성공한다. 팬데믹은 기업에게 민첩함이 얼마나 중요한지를 보여주었다. '방향 전환'과 혁신은 코로나19가 갑자기 우리의 생활 방식을 바꿨을 때 번창과 폐업을 가르는 차이점이었다. 민첩한 사업들은 민첩한 사람들의 산물이며, (그리고 이것이 중요한데) 그들은 자신의 민첩성을 직장에서 발휘할 수 있는 사람들이다.

소규모 사업체의 3분의 1이 팬데믹 상황에서 살아남지 못했다. 이러한 일이 발생한 데에는 여러 가지 이유가 있다. 간단히 말해 소규모 사업체는 힘든 상황을 견뎌낼 자원이 없었지만 대형 매장은 좀 더 잘 대처할 수 있었으며, 또는 그들의 제품은 더 이상 필요 없는 것이 되었다. 우리는 소규모 업체와 마찬가지로 팬데믹이 우리에게 어떤 타격을 입힐지 걱정했다. 교회에 직접 가서 예배를 드리는 일이 많지 않았기 때문에, 많은 교회들이 새로운 교회 지도자를 찾지도 않았다. 게다가 교회 자체도 팬데믹의 여파로 고통받고 있었다.

나는 "우리가 쓰러질 거라면, 적어도 최선을 다해 싸우다 쓰러질 수는 있겠지"라고 생각했다. 우리는 밴더블로맨 팀즈^{Vanderbloemen Teams}라는 새로운 서비스를 시작했다. 그것은 적재적소에 적임자를 배치하는 우리 서비스의 축소판이었다. 그렇지만 그것은 최상의 검색 표준인 완벽한 패키지만큼 비용이 많이 들지 않았다. 우리는 민첩성을 적용했고, 그 어느 때보다 사업이 잘되었다. 그것은 우리에게만 국한된 것이 아니었다. 우리의 많은 고객들과 동료들이 팬데믹 동안 기민하게 번창하는 새로운 방식을 찾았다.

다양성은 민첩성을 이끈다

다양성은 민첩성을 가속화하는 촉진제다. 다양한 생각과 다양한 목소리, 나이, 배경, 문화가 더욱 막강한 팀을 만든다. 노동 인력이 더욱 다양해지고, 절실히 필요한 DEI(다양성, 공정성, 포용성) 추진력이 통합되면, 민첩한 사람들은 최고의 자리에 오를 것이다. 비즈니스 어질리티 인스티튜트Business Agility Institute에 의하면, 현재로서는 다양성을 민첩성의 핵심 요소로 평가하고 있지 않다. 하지만 당장이라도 바뀔 거라고 장담할 수 있다. 다양성을 받아들이지 않으면, 사람이나 조직이 민첩할 수 없기 때문이다.

채용 담당자들이 민첩성이 뛰어난 사람을 선호하는 이유

민첩한 사람들은 일반적으로 문제를 해결할 수 있는 긍정적인 사람들이다. 그들은 변화에 유연하게 대응하며, 빠르게 적응하고, 반드시 필요한 경우에만 뒤로 물러난다. 이는 채용 담당자의 이상형이기도 하다.

직장에서 민첩성을 함양하는 요령

민첩성을 지지하는 클레멘트 B.[Clement B.]와 라이언 B.[Ryan B.]가 최고의 조언을 한다.

- 프로젝트에 도움되지 않는 것을 추가하지 마라. 단순화해라.
- 회의 중에 시간을 낭비하지 마라.
- 가능하면 회의 자체를 하지 마라.
- 그래도 회의를 해야 한다면, 짧게 집중해서 진행하라.
- 문제 발생 가능성을 줄이기 위해 모든 면에서 위기관리를 고려하라.
- 항상 현재의 상황을 조정해서 자신의 팀에게 적합한 프로세스를 수정하는 방법을 찾아라.
- 사람들이 변화에 저항할 수 있다는 사실을 두려워하지 마라.
- 민첩함을 칭찬하고, 민첩함으로 성과를 냈을 때 찬사를 보내주어라.

우리가 경험한 것

민첩성 테스트

면접하는 자리에서 지원자들이 얼마나 민첩한지 알고 싶을 때, 다음 3가지 질문을 한다.

1. 어떤 새로운 기술을 배우고 있는가?
2. 어떤 새로운 취미를 개발하고 있는가?
3. 역사의 어떤 부분을 가장 연구하고 싶은가?(민첩성은 과거를 돌이켜보는 능력이기도 하다.)

잠재적인 지원자의 민첩성을 시험하기 위해 내가 해왔던 일은 면접이 시작되기 전에 갑자기 장소를 바꾸는 것이다. 조금 교활하게 들릴 수도 있지만, 그렇게 나쁘게 여기지 않을 것이라고 확신한다. 나는 항상 적어도 2시간 전에 공지하며, 교통 상황이 문제가 되지 않도록 새로운 장소를 원래의 위치에서 너무 먼 곳으로 지정하지는 않는다. 항상 길을 건너거나 모퉁이를 도는 정도에 그친다. 지원자들이 이러한 변화를 어떻게 다루는지는 민첩한 문화와 얼마나 잘 어울릴지를 보여주는 훌륭한 지표다.

유니콘이 전하는 말

유니콘들을 대상으로 한 설문조사에서 응답자의 5.87퍼센트가 민첩성을 자신들의 지배적인 특성이라고 인정했다.

러스 B.는 새로운 아이디어를 가지고 오래된 문제를 해결하는 데 민첩성이 얼마나 도움이 되는지를 말해준다. "저는 많은 일들이 단지 '항상 그렇게 해왔기 때문에' 행해지고 있다는 사실을 알았어요. 조직은 현 상태에 안주한 나머지 예전에 한 번 효과 있었던 해결책을 계속 고수하는 경우가 너무 많아요. 마찬가지로 제가 맞닥뜨렸던 문제도 해결할 수 없는(비용이 너무 많이 들거나 수행할 수 없는) 것으로 여겨졌고, 그 문제가 처음 일어났던 10년이나 20년 전에도 그랬습니다. 기술과 해법들이 항상 바뀌고 진화하기 때문에 이러한 문제들은 가끔씩 다시 점검해야 합니다."

그는 프레젠테이션 슬라이드를 넘기기 위한 무선 리모컨을 구할 수 없다는 말을 들었다고 한다. 공간이 너무 넓어서 그 정도까지 도달하는 리모컨은 엄청나게 비쌀 것이다. "하지만 그것은 10년 전의 정보였습니다. 저는 그 문제를 다시 논의하는 데 30분 걸렸어요. 블루투스 기술이 발전한 덕분에, 저는 완벽하게 작동하는 20달러짜리 작은 리모컨을 발견했어요. 우리는 민첩해야 해요. 단순히 빠르게 방향 전환을 하는 것이 아니라 오래된 문제들을 새로운 시각으로 바라봐야 합니다."

우리가 하는 일

내가 면접을 봤던 한 CCO 후보자와 그녀의 딸은 팬데믹이 닥쳤을 때 프랑스로 버킷리스트 여행을 떠날 날을 손꼽아 기다리고 있었다. 그러나 갑자기 그들은 센강에서 팽 오 쇼콜라(초콜릿이 가득 찬 크루아상-옮긴이)를 먹는 대신, 몇 달 동안 똑같이 오래되고 똑같이 지루한 집에서 생활하게 되었다. 당연히 그들은 매우 실망했다. 일단 그들은 여행을 나중으로 미뤄야 한다는 사실이 너무 아쉬웠다. 그 CCO는 그동안 자신이 할 수 있는 일에 집중했다. 그녀는 나중에 떠날 여행에 대비해 프랑스어를 배우는 데 전념했다.

민첩하다는 것이 때로는, 삶이 당신에게 레몬을 건네면 당신은 그저 레몬 타르트를 만드는 것을 의미한다.

수용하고 다음 단계로 넘어가라

"걱정만 하지 말고 움직여라"는 말을 들어본 적이 있는가? 그것이 바로 어떤 변화에 맞닥뜨렸을 때 민첩한 사람들이 하는 방식이다. 조너선 H.는 이것이 민첩성에서 중요한 부분을 차지한다고 말한다. "새로운 현실을 더 빨리 깨달을수록, 그 현실에서 더 빨리 앞으로 나아갈 수 있다"라고 그는 말한다.

칼레나 H.도 그 말에 동의한다. "조직의 상황은 늘 변한다는 사실을 이해하고 받아들이면, 더 나은 팀원이 될 수 있습니다. 절차나

정책이 바뀌어도 좌절하지 않죠. 유연성 덕분에 융통성 있게 대처하게 됩니다."

데릭 F.는 변화에 직면해서 민첩하게 대처하는 법을 배워 더 나은 리더가 되었다. "내가 더 민첩할 수 있었던 가장 큰 요인은 그저 변화가 불가피하다는 사실을 이해했다는 것입니다. 인생에서 무엇을 하든, 변화를 맞닥뜨리게 될 것입니다. 당신은 변화에 좌절할 수도 있고 또는 변화에 맞춰 성장할 수도 있습니다. 이 사실을 깨닫는 순간 변화를 다루기가 훨씬 더 쉬워졌어요. 그것이 오늘날의 내가 되는 추진력이었죠. 변화를 받아들일 뿐만 아니라 더 나은 나를 만들기 위한 기회로 만드는 것입니다."

겸손함을 유지하라

유니콘의 12가지 특성을 살펴보면서, 당신은 이 말을 많이 듣게 될 것이다. 겸손은 거의 모든 특성에서 중요한 역할을 한다. 자기중심적인 자아를 내려놓을 때, 유니콘이 될 수 있는 능력이 기하급수적으로 증가한다.

닉 D.는 이렇게 말한다. "자신의 아이디어에 집착하지 않는 것이 도움이 됩니다. 새로운 생각과 새로운 행동 방식에 마음을 여세요. 당신이 현재 하고 있는 방법보다 항상 더 나은 방법이 있다고 가정하십시오. 배움과 성장을 절대 멈추지 마세요."

크리스 H.는 "제가 더욱 민첩해진 한 가지 방법은 결과를 개인적으로 받아들이지 않는 것입니다"라고 말하더니 다음과 같이 덧붙였다. "상황이 바뀌거나 내가 작업한 세부 사항이 교체되거나 폐기되어야 한다면, 그것은 빠르고 창의적인 과정의 일부분일 뿐입니다."

데이브 H.는 "겸손함을 길러서 자신만의 길에 얽매이지 않도록 하세요"라고 권고한다. "변화가 필요한 상황이라면, 현재의 가치에 얽매이지 않아야 훨씬 더 민첩하게 움직일 수 있습니다."

과학적으로 접근하라

카일 T.는 과학적인 방식으로 접근할 것을 추천한다. 감정보다 데이터와 계량적 분석을 염두에 두고 상황을 바라보면 민첩하게 움직이기가 더 쉽다. "상황을 하나의 실험으로 바라보세요. 그것이 효과가 있다면 계속하세요. 효과가 없다면 어떻게 수정해야 할지 생각하세요. 수정해도 효과가 없다면, 목적이나 목표를 달성할 수 있는 완전히 다른 아이디어를 시도하세요."

사명을 기억하라

민첩성을 연습하는 또 다른 방법은 당신의 사명을 항상 중심에 두는 것이다. 회사를 운영하거나 창업해본 적이 있는 사람은 누구나 사명의 중요성을 안다. 당신의 사명은 일종의 북극성처럼 당신이 내리는 모든 결정의 원동력이 된다. 또한 사명이 있으면 도전에 맞닥뜨렸을 때 민첩하게 대처하기 쉽다. 사명에 부합하는 것이면 진행하고, 그렇지 않으면 넘어가라. 사명은 '목표 지향형'에 대해 얘기할 때 다시 언급할 것이다.

에리카 M.은 "민첩성은 조직의 사명이 당신 앞에 놓인 것보다 더 크다고 믿는 것입니다. 그렇게 되면 우리가 선호하는 것을 제쳐두고 기꺼이 변화할 수 있습니다. 그것은 자신의 위치와 자기 자신을 넘어 생각할 수 있는 것입니다"라고 말한다.

폭스 Z.는 더 큰 그림의 중요성에 대해 동의한다. "너무나 많은 사람들이 상황의 변화로 무너지고 도중에 그만둡니다. 그러한 환경에 겁내지 마세요. 변화를 견디면서, 실패할지라도 새로운 것을 시도하고 작은 그림보다 큰 그림을 건전한 시각으로 바라보세요."

민첩한 유니콘이 되기 위해 필요한 사항

- 우리는 하루하루 민첩성이 떨어지고 있다.
- 우리의 뇌는 우리의 몸만큼이나 스트레칭이 필요하다.
- '항상 해왔던 방식'이기 때문에 그렇게 하는 것은 해롭다.
- 민첩성은 다양성, 새로운 아이디어, 참신한 경험을 바탕으로 번창한다.

BE THE UNICORN

4장

해결하는 유니콘

The Solver

해결하는 유니콘

케빈 플랭크^{Kevin Plank}는 땀을 아주 많이 흘린다. 그는 1990년대 후반에 대학 미식축구 선수였는데, 당시의 운동복은 모두 면으로 만들었다. 그 이유는 그저 더 나은 직물이 없었기 때문이다. 이것이 불만스러웠던 플랭크는 그 문제를 해결하기로 결정했다. 자신이 모을 수 있는 모든 돈을 끌어모아서, 운동선수들이 땀을 흘려도 쾌적함을 느낄 수 있는 합성직물을 연구하기 시작했다. 그는 사업 첫해에 1만 7,000달러의 매출을 올렸다. 시작 단계에서 전망은 좋았지만 플랭크가 바라던 만큼은 아니었다. 지지부진한 매출의 원인이 시장에서 잘 알려지지 못했기 때문이라고 믿었던 그는 자신이 가진 거의 모든 돈을 모아서 2만 5,000달러를 들여 〈ESPN 매거진〉에 전면 광고를 실었다. 도박은 적중했고 다음 해에 플랭크의 회사 언더아머는 1백만 달러 이상의 매출을 올렸다. 그리고 나머지 이야기는 알려진 바와 같다. 이 모든 것이 한 명의 해결사 덕분이었다.

어떤 도전에 직면했을 때, 사람들은 문제의 편에 설지, 해결책 편에 설지 하나를 선택할 수 있다. 해결책을 찾기로 선택하고, 피해자가 되기를 거부하며, 그러한 도전들을 헤쳐 나가는 데 에너지를 쏟는 사람들은 대체 불가한 사람들이다. 당황스럽고 급박한 상황에서 침착함을 유지하는 능력은 다른 사람들과 차별화될 것이다.

지난 몇 년에 걸쳐 면접에서 만났던 사람들에게서 특정한 사고 방식을 발견했다. 이 장에서는 두드러질 수밖에 없을 만큼 탁월한 해결사가 되는 방법을 알게 될 것이다. 그리고 전보다 더 빠르게 변화하는 불확실한 세상에서, 이러한 능력을 개발하면 이전과는 달리 자신의 가치를 높일 수 있다.

나는 경력 초기에 멘토가 되어준 아주 나이 많은 남자를 우연히 만났다. 잭 하트는 팜 파일럿이라는 회사의 임원이었고, 인적자원 (HR) 솔루션의 책임자였다. 그 회사는 매우 초창기의 기술 회사였다. 회사는 정말 빠르게 성장했고 정말 혼란스러웠다. "통제할 수 있거나 혹은 성장할 수 있지만 2가지를 다 가질 수는 없다"고 말했듯이 성장에 따른 혼란을 해소하는 것이 잭의 일이었다.

잭은 내가 물려받은 교회의 이사회에도 속해 있었다. 내가 오기 전에 그 교회는 지난 6년 동안 두 번의 커다란 분열을 겪었다. 사소한 의견 충돌로 인한 분열이 아니었다. 커다란 논쟁이었고 모두 감정적으로 격앙되어 있었다. 굳은 신조와 우정을 무너뜨릴 만큼 감정적으로 충돌했고, 평생의 친구들이 서로에게 고함을 지르는 상황이었다.

모든 사람들이 논쟁이 있을 때마다 해결책 편에 서는 것은 아니다. 많은 우정들이 깨졌다. 가족관계는 긴장 상태가 되었다. 그리고 많은 사람들이 서로를 비난했다. 그러나 잭은 모두가 그를 좋아하게 만드는 재주가 있었다. 문제의 서로 다른 편에 있는 모든 사람들이 잭을 좋아했다.

한번은 그 점에 대해 물었더니 잭은 이렇게 말했다. "모든 사람들은 2가지 범주 중 하나에 속해. 사람들은 문제의 편에 서 있거나, 아니면 해결책의 편에 서 있지. 내가 죽어서 누워 있을 때 사람들이 잭은 항상 해결책 편에 있었다고 말하면 좋겠어."

그해 말에 잭이 세상을 떠났을 때 그의 무덤 앞에서 나는 그렇게 이야기했다. 그러자 분열로 인해 세 교회로 갈라졌던 사람들이 모두 차례로 일어나 애도의 연설을 했다. 나는 한 장례식에서 그렇게 많은 갈등이 해결되는 상황을 본 적이 없다. 세 교회의 사람들은 전부 "잭은 해결책의 편에 섰지 결코 문제의 편에 서지 않았다"고 말했다.

우리가 알고 있는 것

그동안 면접에서 만난 모든 사람들 중 상위 1퍼센트는 어떤 사안의 문제 쪽이 아니라 해결책 쪽을 바라보는 묘한 기술을 가지고 있었다. 이 사실을 팬데믹 동안 진행했던 면접에서 가장 잘 알게 되었다. 일상적인 검색 과정을 줌에서 진행하려는 시도는 새롭고 복잡한 문제이자 새로운 기회가 되었다. 그리고 매우 오래된 전통적인 기업부터 첨단기술 회사에 이르기까지 새로운 세계 질서에 적응하기를 망설였다. 어떤 업계이든, 대부분의 사람들은 "우리는 이전에 한 번도 그런 방식으로 일해본 적이 없어요. 그래서 지금은 그렇게 할 수 없습니다"라는 논리에 빠져 있었다. 그러나 일부 사람들과 회사들은 어려운 문제에 잘 대처했고, "해결책이 있어요. 우리가 이런 식으로 하면 어떨까요?"라고 말했다.

불평보다 해결사가 돼라

우리의 뇌는 부정 편향적이다. 생각해보라. 우리 조상들이 동굴 밖을 엿보았을 때, 사랑스럽게 피어난 꽃을 보고 감탄하는 것이 이로웠을까? 아니면 야생의 하이에나, 악취가 풍기는 수원지, 꺼진 불을 주의 깊게 살펴보는 것이 더 나았을까? 당신이라면 어느 것에 대해 말할 것인가? 지금이야 감사하는 마음이 우리의 삶을 더 풍요롭게 만들지만, 원시시대 사람들에게는 부정적인 것을 인식해서 말로 표현하는 것이 삶을 지속하는 데 더 유리했다.

게다가 불평은 긍정주의를 강화하는 효과가 있다. 우리가 권력자들보다 더 똑똑하다고 생각하고, 우리가 한 집단과 유대감을 형성하는 데 도움을 준다. 수십 년 전 첫 직장 동료였던 친구에게 물어보라. 구내식당에서 함께 먹은 아침 샌드위치 또는 한여름 반나절을 같이 보낸 금요일이 유대감을 주었는가? 아니면 공통의 적이나 함께 겪은 부당함을 서로에게 토로하면서 유대감을 느꼈는가?

그러나 불평이 그렇게 좋은 것만은 아니다. 불평은 당신의 뇌에 부정적인 영향을 미치고, 당연히 회사의 문화에도 부정적인 영향을 미친다. 그러므로 해결사가 되는 것이 더 낫다.

데일 카네기가 주장하는 친구를 얻고 사람들에게 영향을 주는 첫 번째 규칙은 "비판하거나 비난하거나 불평하지 말라"는 것이다. 불평이 친근한 관계에서는 점수를 얻을 수 있지만, 당신이 더 높은 위치로 올라가는 데는 결코 도움이 되지 않는다. 더 높이 올라가려면 해결하는 사람이 되어야 한다.

함께 해결하라

"낙타가 뭐야? 위원회가 그린 말이지"(여러 사람이 협력하여 만든 것이 원래 의도와 다른 결과물이 되었다는 의미-옮긴이)라는 고리타분한 농담을 기억하는가? 비록 오류가 발생할 위험이 더 크더라도, 문제 해결은 그룹으로 진행하는 것이 더 낫다. 하지만 당신이 내 아이들과 비슷하다면, 이런 종류의 그룹 프로젝트를 싫어할지도 모른다. 학교에서 당신은 항상 그룹 프로젝트 부서에서 힘든 일을 맡아 했을 수도 있다. 아마도 당신이 이 책을 읽고 있다면 그랬을 것이다. 내 아이들은 다양한 이유로 그룹 프로젝트를 싫어했다. 그것은 마치 투르 드 프랑스Tour de France(프랑스에서 매년 열리는 국제 사이클 도로 경기-옮긴이)에 참여한 당신이 펠러톤(사이클 도로 경기에서 한데 몰려다니는 주된 무리-옮긴이)에서 열심히 페달을 밟는 동안 다른 사람들은 당신 뒤를 (바람의 저항을 덜 받아 에너지를 훨씬 더 절약할 수 있다) 따라가고 있는 것과 같다. 옐로저지(구간별 우승자가 입는 셔츠-옮긴이)를 어떻게 입을지 생각하면서 말이다. 결국 내 아이들이 항상 모든 작업을 했던 것 같다. 그룹 프로젝트는 번거롭고 느리게 진행된다. 그들은 협업해야만 했을 때 통제하기가 힘들었다. "빨리 가려면 혼자 가고 멀리 가려면 함께 가라"는 오래된 리더십 격언이 우리 집에서는 다음과 같이 왜곡되었다. 빨리 멀리 가려면, 혼자 가라.

그룹으로 문제를 해결하려면 지치고 좌절감이 들 수도 있지만, 전문적인 환경에서 그룹 프로젝트를 제대로 해결한다면, 혼자서는 어림도 없었을 혁신을 끌어낸다는 연구 결과가 있다.

밀레니엄 세대의 해결력

그룹 환경에서 누가 문제 해결을 좋아하는지 알고 있는가? 밀레니엄 세대들이다. 이 세대의 일원이라면 축하한다. 당신은 직장에서 맞닥뜨리는 문제가 무엇이든 훨씬 더 잘 적응할 수 있다. 당신은 갈등도 더 잘 다룰 수 있다. 이러한 자질은 성공적인 협업에도 도움이 된다. 당연히 밀레니엄 세대는 협업을 중요시하며 가장 성공적인 해결사들이다.

해결사에는 '나'가 없다

내가 처음 사업을 시작했을 때, 긍정적인 비평이 나의 뇌에 거의 전달되지 않았고, 전달되었다 하더라도 긍정적으로 받아들이지 못했다. 나는 어렸고 모든 것을 알고 있다고 확신했다.

그러나 한 가지 예외가 있었다. 나는 그다음 해의 비전과 조직으로서 해야 할 모든 일들에 대해 발표한 후, 청중들 속에 앉아 있는 나의 멘토에게 물었다. "잭, 제 발표를 어떻게 생각하세요?"

그는 말했다. "나는 자네가 내년에 그렇게 많은 일을 할 계획이라고는 생각 못 했어!" 나는 그에게 이것은 조직이 해낼 것이고 놀라운 일이 될 것이라고 설명했다. 그러자 잭은 나를 보더니 말했다. "그럼 왜 우리라는 단어 대신 계속 나라는 단어를 쓰지?"

'우리'라는 단어를 사용할 수 있는 상황에서 절대 '나'라는 단어를 사용하지 말라.

채용 담당자들이 해결사를 선호하는 이유

마지막으로 좋은 일로 인사부서에 간 적이 언제였는가? 굳이 대답할 필요 없을 것이다.

직장에서 해결사 정신을 함양하는 요령

• 겸손과 평생학습을 장려하라.

• 해결사의 승리를 축하하고, 개인에게 공을 돌려라.

• 회의 때마다 직원들에게 해결책을 제시하라고 요청하라. 비록 그들이 제시한 해결책들이 말만 번드르르하고 달성할 수 없는 것이라고 해도, 그것이 올바른 사고방식을 만들어준다.

• 언어의 중요성을 인정하라. '문제'를 '가능성'으로 다시 명명하라.

해결사형 유니콘 - 제니퍼 가너 Jennifer Garner

제니퍼 가너는 훌륭한 여배우이고 보편적으로 사랑받는 듯 보인다. 그녀는 해결사이기도 하다. 아마도 TV 시리즈 〈앨리어스Alias〉에서 스타로 만들어준 역할을 연기해서인지, 또는 그녀가 사람은 본래 선한 존재라고 강하게 믿고 있기 때문인지는 모르겠다. 아마 둘 다일 수도 있다. 어쨌든 제니퍼 가너는 수십 년 동안 해결사로 주목받았다. 그녀는 전남편 벤 애플렉과의 사이에서 세 자녀를 두었으며, 〈타블로이드〉에 보도된 내용이 무엇이든 또는 얼마나 어려운 상황이든 상관없이 항상 유쾌하고 협력적인 이미지를 보여주었다. 그녀는 애플렉의 옛 연인이자 새 아내인 제니퍼 로페즈를 같은 엄마로서 존중한다고 말하며, 그 부부와 그들의 공동 양육에 대해 좋은 말만 한다.

가너는 자신의 아이들은 물론 다른 아이들을 위한 문제를 해결하는 데 특히 관심을 기울였다. 그녀는 활동가로서, 유명 인사들의 아이들을 파파라치로부터 보호하기 위한 법안을 통과시키기 위해 노력했다. 그녀는 또한 아이들의 읽고 쓰는 능력과 교육과 영양을 지원하는 세이브더칠드런 US의 홍보대사이기도 하다. 건강한 이유식을 찾기 어려운 것에 실망한 그녀는 유기농 이유식 사업을 시작했다. 모든 아이들이 이용하기 위해서 최초로 푸드스탬프(식비 지원)를 받는 가족들도 구입할 수 있게 만들었다.

우리가 경험한 것

해결사의 사고방식은 우리가 성공하는 데도 큰 도움이 되었다. 물론 이 사업은 애초에 문제를 해결하기 위한 것이기 때문에 해결책은 우리 회사의 체계에 내장되어 있었다. 그러나 헤드헌팅 회사를 운영하는 사람이 아닐지라도, 해결사가 되면 장차 크게 발전할수 있을 것이다. 우선 해결사의 사고방식이 나를 이만큼 이끌었다. 나는 스카우트가 상당히 많은 시장을 배제하고 있다는 사실을 발견하고, 그 문제를 해결하기 위해 회사를 설립했다.

우리는 면접에서 지원자가 '우리' 또는 '나'라고 얼마나 자주 말하는지 주의 깊게 들었다. 그것은 우리에게 무언의 리트머스 시험이 되었다. 왜냐하면 대부분의 사람들이 이기적이기 때문에(때로는 그럴 만한 이유가 있지만), '우리'로 시작하는 사람들은 어떤 상황에 놓여 있든 이례적이고 놀라울 정도로 가치가 있다고 확신한다.

유니콘이 전하는 말

유니콘들은 일과 삶에서 해결사가 되어야 하는 이유를 잘 알고 있다. 그것이 문제가 해결되어 기분 좋은 감정이든, 거기서 배운 교훈이든, 해결사의 사고방식이 갖는 긍정적인 면이든, 해결사가 되어야 하는 이유는 많다.

해결하면 기분 좋은 감정을 느낀다

"해결책을 제공하는 것은 매우 기쁜 일입니다"라고 스티브 B.는 말한다. "다른 사람들이 내가 개발한 개념과 전략들을 가지고 이익을 얻으면 내 일과 삶에서 기쁨을 느낍니다."

"당신은 불평할 수도 있고 해결사가 될 수도 있습니다"라고 조앤 F.는 말한다. "그리고 저는 어떤 문제에 대해 불평하느니 문제를 해결하는 방법을 찾는 것이 훨씬 더 재미있고 생산적이라고 생각해요."

"내가 가진 최고의 자질 중 하나는 해결사라는 것입니다"라고 한나 S.는 말한다. "불평하고 스트레스를 받는 것은 그 상황을 해결하는 데 전혀 도움이 되지 않아요. 혼돈이나 갈등이 생기면 자연스럽게 나타나는 반응이지만 말이에요. 나는 일을 완수하기 위한 다음 단계나 해결책에 초점을 맞추려고 노력해요. 문제 자체보다 문제를 해결하는 것에 대해 생각하면, 스트레스를 덜 받고 해결책을 더 빨리 얻게 됩니다. 그리고 무엇보다 앞으로 나아갈 수 있고 성취감을 느끼고 다음 일을 준비할 수 있습니다."

문제 해결은 문제를 반복하지 않도록 돕는다

매건 M.은 말한다. "저는 해결사로서 어떤 문제를 바라보고, 과거에 일어난 일을 통해 현재 상황이 일어나게 된 원인을 파악하고, 앞으로 그러한 상황이 반복되지 않도록 해결책을 강구하는 예리한 능력을 갖고 있습니다. 해결사가 되는 데는 침착함이 무엇보다 필요합니다."

해결하는 것은 승리하는 마음가짐이다

도나 B.는 말한다. "리더십에 있어서는 항상 잠재적인 해결책들을 제시하는 것이 필수적입니다. 제가 모든 문제를 해결하고 확실한 조언을 해줄 필요는 없지만, 리더로서 문제를 철저하게 분석하고 효과적인 해결책을 제안할 준비는 되어 있어야 합니다. 저는 시나리오를 만들고 나의 신념과 연구와 지혜와 여타 다른 최상의 사례들을 이용해서 해결책을 찾고 점차 개선합니다. 항상 '우리가 어떻게 하면 더 잘할 수 있을까?'를 생각해요. 이러한 사고방식으로 대부분의 상황에서 해결책의 편에 설 수 있었어요."

해결사에 대한 사실

20세기 후반의 작가 로버트 매튜 반 윙클Robert Matthew Van Winkel은 "문제가 있으면, 나는 해결할 거야. 내 DJ가 반복하는 동안 후크를 확인해봐"라는 가사가 포함된 노래에서 자신을 유명한 해결사로 정의했다.(로버트는 자신의 힙합 분신인 바닐라 아이스Vanilla Ice로 이 노래를 불렀다.)

우리가 하는 일

내가 리더십을 주제로 일을 시작했을 때, 사람들이 불만을 제기하는 것에 진절머리가 났던 기억이 있다. 내가 이 문제에 대해 멘토와 이야기를 나누었는데, 그는 훌륭한 해결책을 주었다.

그는 말했다. "윌리엄, 내게는 더 이상 불만을 갖고 찾아오는 사람들이 거의 없다네."

나는 어떻게 그럴 수 있는지 물었다.

그는 말했다. "문제와 함께 해결책을 가지고 오지 않는 한 아무도 만나지 않았거든. 그러자 불평의 수가 극적으로 줄었어. 왜냐하면 해결책을 찾는 데 능숙한 사람들이 많지 않거든."

유니콘은 해결책을 찾는 데 능숙하며, 특히 그들 중 14.06퍼센트는 이 부분에서 가장 강하다고 말했다. 어떻게 하면 스스로 해결사가 될 수 있는지 궁금한가? 해결사는 해결책을 갖고 있다.

해결책을 가져와라

완벽한 해답이나 좋은 해결책일 필요도 없다. 해결사가 되려면 일단 시작해야 한다. 나의 멘토가 수년 전에 말해주었듯이, 다른 사람들에게도 확장해서 적용할 수 있는 똑같은 매개변수(해결책 없는 문제는 없다)와 은혜(해결책은 완벽할 필요 없다)를 자신에게 주어라. 비즈니스 전문가들은 이러한 관행이 위협적이고 해롭다고 강하게 비난했지만, 우리의 방식으로 실행한다면 그렇지 않다. 나는 사람들에게 해결책을 가져오라고 말한다. 그러나 해결책이 완벽할 필요는 없다. 반드시 실현 가능할 필요도 없다. 때로는 처음 해결책이, "우리 하루 쉬면서 로데오 경기나 보러 갈까?"라는 식으로 실제로는 문제를 해결하지 못하는 것일 수도 있지만 일단 시작했다는 것만으로 충분하다. 우리는 아이디어를 생각해내고 있으며 창의적이고 유머 감각도 있다.

이런 식으로 해결책을 요구하는 문화를 만든다. 해결책에 관한 제안서를 50쪽짜리 스프링 제본으로 만들어 내 책상 위에 가져다 놓으라는 식으로는, 자유롭게 해결책을 내놓는 문화를 키울 수 없다.

해결에 초점을 맞추는 사고방식이 필요하다고 더스틴 L. [Dustin L.]은 말한다. "저는 '문제를 보면 해결책을 생각해내야 한다'는 약속을 지킴으로써 해결사가 될 수 있었어요. 많은 사람들이 문제를 지적한 다음 다른 누군가에게 문제를 떠맡깁니다. 저는 문제를 보면 그것을 어떻게 해결할지 생각해낼 수 있습니다. 나의 해결책이 최선이 아닐지도 모르고 고려할 가치조차 없을 수도 있지만, 저는 뭔가를 제시하는 데 전념합니다."

빈스 L. [Vince L.]은 말한다. "저는 분석적인 성격을 타고났습니다. 누구나 무엇이 잘못되었는지 분석할 수는 있지만 모든 사람이 그 정보를 사용해서 해결책을 찾아 실행할 수 있는 것은 아닙니다."

'예'라고 말하라

존 A.는 그저 '예'라고 말하는 것이 해결사와 유니콘이 되는 가장 중요한 단계라고 말한다. "참여하세요"라고 그는 말한다. "특히 당신이 신입이거나 입문 수준일 경우에는 모든 것에서 필요나 기대 이상의 노력을 해야 합니다. 그렇게 하면 당신은 더 많은 일에 참여할 기회를 얻고 궁극적으로 당신이 영향력과 책임을 갖게 됩니다. 당신이 참여할 수 있는 기회가 올 때마다 그저 '예'라고 말하세요."

판 전체를 보라

〈웨스트 윙The West Wing〉(미국 대통령과 보좌관들의 세계를 그려낸 정치 드라마-옮긴이)의 한 에피소드에서, 대통령은 참모 둘과 체스를 두면서 다른 나라와의 갈등을 체스에 녹여내는 장면들이 나온다. 그는 젊은 상대에게 "판 전체를 보라"고 독려한다. 해결사는 바로 상황을 평가하고 모든 각도에서 바라볼 수 있는 능력을 갖고 있다.

다이앤 B.는 이것을 어떻게 하는지를 설명한다. "저는 우리 팀에 영향을 미칠 결정을 내리기 전에 가능한 많은 관점에서 상황을 보려고 노력합니다. 시간이 걸릴 수는 있지만, 나의 결정에 확신을 가질 수 있어야 한다고 생각하기 때문입니다. 동시에 저는 다른 사람들, 특히 나와 같은 입장에 있던 사람들의 의견을 중요하게 여깁니다."

데일 M.은 말한다. "우리 직원들 중 누군가가 문제는 제기하면서 실행 가능한 해결책이나 가능성 있는 수정안을 제시하지 않을 때, 그들은 스스로를 유용한 존재로 드러내고 싶어 함에도 불구하고 실제로는 별 도움이 되지 않습니다. 그들은 길가에 서서 지나가는 퍼레이드를 향해 돌을 던지는 사람들과 같아요. 나는 개선해야 하거나 문제가 있는 것에 대해 말할 때는 항상 가능한 해결책이나 대안을 제시하라고 배웠지만, 그것이 정답이라고 단정 짓지는 않았습니다. 관리자나 책임이 있는 자리로 올라갈수록 전체 그림을 보지 못하는 경우가 많다는 것을 알았습니다."

잘게 부숴라

"세상의 거대한 비통함에 위축되지 마세요. 지금 정의를 행하고, 지금 자비를 사랑하고, 지금 겸손하게 할 일을 하세요"라는 유명한 구절이 있다. "당신은 일을 완수해야 할 의무는 없지만 그것을 포기할 자유도 없습니다." 해결사들은 이 말을 이해한다. 큰 도전에 직면했을 때 그들은 그것을 조금씩 나눠서 접근한다.

수전 C.는 말한다. "저는 소프트웨어 기술자예요. 어떤 업무들은 처음에는 도저히 극복하지 못할 것처럼 보여요. 저는 수년 동안 커다란 문제를 일련의 작은 문제들로 분해하면 상당히 유익하다는 것을 배웠어요. 각각의 작은 문제들을 해결할 수 있다면, 큰 문제는 해결될 거예요."

폴 S.는 말한다. "저는 문제들을 가장 중요한 주제들로 좁히고, 핵심적인 도전 과제들을 확인해서 잠재적인 해결책을 결정합니다. 주제와 관련 없이 해결책을 향해 나아가지 못하게 하거나 상황을 혼란스럽게 만드는 것들을 골라내려고 노력해요."

정말 해결해야 하는 문제인지 인식하라

모든 문제가 해결책이 필요한 것은 아니다. 해결사로서 기술을 연마할 곳에 주의를 기울여, 시간과 노력을 낭비하지 않도록 하라. 아마존에서 어떤 상품을 우연히 발견했을 때 "세상에 정말로 그런 것이 필요한가?"라고 생각해본 적이 있는가? 해결하기 위한 에너지를 신중하게 써야 한다.

존 D.는 직접 물어봄으로써 이 문제를 해결한다. "누군가 나에게 어떤 문제를 제기하면 항상 왜 그런 이야기를 하는지 알아보려고 노력해요. 그래서 직접 '당신은 단지 감정을 터뜨리고 있는 건가요? 아니면 이 문제를 해결해달라고 부탁하는 건가요?'라고 물어봅니다. 사람들은 그저 자신의 이야기를 들어줄 누군가가 필요하다고 말하는 경우가 많아요. 하지만 해결책이 필요한 경우도 있습니다."

해결하는 유니콘이 되기 위해 필요한 사항

• 불평은 그날 밤의 마지막 칵테일처럼 재미있긴 하지만 당신에게 안 좋기도 하다.

• '우리'라고 말해야 하는 상황에서 '나'라고 말하지 않는다.

• 외부와 단절된 상태에서 해결하지 않는다.

• 반드시 해결해야 하는 문제와 그냥 둬도 되는 문제를 구별한다.

BE ✦ THE

5장

예측하는 유니콘

The Anticipator

UNICORN

예측하는 유니콘

마크 베니오프^{Marc Benioff}는 인도에 머물다가 하와이로 가서 안식년을 보내는 동안 다음과 같은 깨달음을 얻었다. 왜 기업 운영에 사용되는 소프트웨어는 아마존 웹사이트만큼 사용자 친화적이지 못할까? 어린 시절부터 기술과 그러한 기술이 만들어내는 미래에 매료되었던 베니오프는 값비싼 하드웨어에 설치되어 번번이 업데이트해야 했던 소프트웨어 모델이 완전히 온라인으로만 존재하고 최소한의 선불 비용만 내면 이용할 수 있는 시스템으로 바뀔 것이라고 예측했다. 그의 생각이 옳았다.

세일즈포스^{Salesforce}(고객 서비스 매니지먼트를 주로 하는 클라우드 컴퓨터 솔루션 제공 업체-옮긴이)는 인터넷 접속 외에는 사용자가 아무런 할 일이 없다. 베니오프와 공동 창업자들은 세일즈포스가 성공하리라는 것을 알았고, 성장에 대비해 확장할 여유가 있는 본사와 사무실 공간을 선택했다. 2022년 기준으로 세일즈포스는 세계에서 가장 큰 기술회사 중 하나이며 〈포춘〉 선정 500대 기업에서 136위를 차지했다.

진실한 고백 : 어릴 때 나는 ESP(초감각적 지각)에 푹 빠졌던 시기가 있었다. 아마도 내가 봤던 쇼 프로그램 때문이었을 것이다. 어쩌면 아홉 살인가 열 살 때 스티븐 킹의 소설을 많이 읽어서 그랬는지도 모른다. 하지만 이유가 무엇이든 다음에 무슨 일이 일어날지 예측하는 능력을 개발할 수 있을지 항상 궁금했다. 사람들의 마음과 트렌드를 잘 읽어서 '눈앞에 닥칠 일을 예측하고' 싶었다.

예측가들은 그것을 할 수 있는 사람들이다.

이런 사람들은 남들보다 단연 돋보일 것이다. 그들은 실제로 거의 미래를 본다. 당신도 그렇게 할 수 있다.

우리가 알고 있는 것

당신 가족이 팬데믹 기간 동안 우리 가족처럼 넷플릭스에 푹 빠져 있었다면 예측의 힘을 아름답게 보여주는, 한 번에 몰아서 볼 만한 미니 시리즈 〈퀸즈 갬빗Queen's Gambit〉을 알고 있을 것이다. 체스만큼 앞을 내다보는 것이 중요하고 명확하게 설정된 게임도 없다. 당신이 그랜드마스터가 되든 그저 평범한 플레이어가 되든, 체스를 배우면 자신의 다음 행보 그리고 훨씬 더 중요한 상대의 다음 행보를 예상하는 법에 대해 많은 것을 배울 수 있다.

뇌는 궁극의 예측가이다. 작가인 리사 펠드먼 배럿Lisa Feldman Barret

은 이 주제에 대해 광범위한 연구를 수행했다. 그녀는 다음과 같이 적었다. "사실, 예측이란 그저 당신의 뇌가 스스로와 대화를 나누는 것뿐입니다. 당신의 뇌가 지금 심사숙고하고 있는 과거와 현재를 조합한 것을 기초로, 가까운 미래에 무슨 일이 일어날지에 대해 다수의 신경세포들이 최선의 추측을 하는 것입니다."

뇌의 이러한 특징은 이 지구상에 살고 있는 인류에게 도움이 되었다. 열심히 일하는 우리의 뇌는 우리가 협곡에서 굴러 떨어지거나 매머드에게 짓밟히거나 또는 실수로 시어머니나 장모에게 창을 던지지 않도록 온힘을 다해 결과를 예측해왔다. 지금도 뇌는 여전히 우리가 오늘날의 위험에서 살아남을 수 있도록 우리를 도와준다.

예측가형 유니콘 - 애런 로저스^{Aaron Rodgers}

미국의 유명한 쿼터백 선수인 애런 로저스는 패스할 때 보통의 선수들처럼, 오픈 플레이어(수비수의 방해를 받지 않고 패스를 받을 수 있는 위치에 있는 선수-옮긴이)를 애써 찾지 않는다. 그는 원하는 결과를 생각한다(이번 정규 시즌에서 터치다운 패스를 포함해서 많은 일들을 성공시켜 색종이 조각들이 흩날리며 떨어지는 동안 롬바르디 트로피를 높이 들어 올리는 것). 그런 다음 그는 수비를 파악하고 플레이를 시작한다. 그는 자신의 팀 동료가 무엇을 할지, 그리고 수비수가 무엇을 할지 알고 있다. 앞으로 다섯 수는 아니어도 바로 앞의 한 수는 읽을 수 있다. 그는 오픈 플레이어에게 패스하는데, 아주 쉬워 보인다. 그리고 이 모든 것은 예측가인 그에게 매우 쉬운 일이다.

경기장 밖에서도, 로저스를 인정해줘야 한다. 그는 기삿거리가 별로 없는 날, 팬들의 반응과 언론의 주목 등을 예측한다. 그는 항상 경기를 앞서가며 자신이 선택한 라디오 쇼에서 이 모든 것(또는 얘기하기 힘든 주제)을 설명할 준비가 되어 있다.

노스트라다무스가 될 필요는 없다

구약성경은 히브리 경전의 많은 부분이 예언자들에 관한 것이다. 예언자들은 미래를 볼 수 있었다. 예언자들은 왕이 어려운 상황을 벗어나는 데 도움을 준다. 예언자들은 문제를 예측할 수 있었다.

그러나 대부분의 학자들은 구약성경의 예언자들이 반드시 500~600년 후의 미래를 예측한 것은 아니라고 말한다. 오히려 그들은 현재와 매우 가까운 미래의 위기에 어떻게 대응해야 할지에 대해 영적인 해설을 제공했다. 그들이 500~600년 후의 어떤 것에 대해 예언했다면 그야말로 대단한 것이다. 하지만 당시 예언자는 오늘의 어떤 징조를 읽고 아직 알지 못하는 내일에 대해 조금이나마 알려주는 사람이었다.

당신은 특별한 영적 능력이나 재능을 가질 필요가 없다. 그저 당신 앞에 놓인 평소와 다른 정황을 읽으면 된다.

장기적인 계획은 필요 없다

리더로서 비전을 갖는다는 것은 10년, 어쩌면 20년 계획이 어때야 하는지 알아야 하는 것이라고 생각했다. 하지만 팬데믹으로 인해 선견지명이 있는 대부분의 리더들이 다음에 무슨 일이 일어날지 예측하는 능력을 상실했다. 그러나 그렇게 안타까운 일은 아니다.

이제는 리더들에게 10년, 20년 계획을 세우라고 요구하는 시대를 벗어나고 있다. 지금은 끊임없는 변화와 혼란의 시대로 접어들었다. 이것이 우리에게 예측이 무엇을 의미하는지 더욱 정확하게 알려준다. 예측은 리더가 군중들보다 한두 발짝 앞을 볼 수 있는 능력을 말한다. 마치 곰에 관한 농담과 비슷하다. 당신은 곰보다 더 빨리 달릴 필요 없다. 그저 옆에 있는 사람만 앞지르면 된다.

재미있는 사실

구약성경의 〈시편〉에서 다윗은 하느님의 말씀을 그의 발에 등불이자 그의 길에 등불이라고 묘사한다. 대부분의 사람들은 그것이 단지 비유적인 표현이라고 생각한다. 그러나 다윗은 실제로 당대의 사람들이 신발에 묶었던 작은 등불을 언급한 것이었다. 이러한 등불들은 오직 한 걸음 앞으로 내디딜 수 있는 만큼의 불빛을 비췄다. 우리에게는 딱 그 정도가 필요할 뿐이다.

팬데믹 당시에 사업의 상당 부분을 접어야 하는 상황에서 나는 당장 이번 주에 어떻게 대응해야 할지에 더욱 집중했다. 이번 달이나 이번 해가 아니었다. 현재의 동향이 다음 날이나 그다음 날에 어떤 영향을 미치는지에 초점을 맞췄다. 그것은 예측을 위해서 한동안 실행했던 가장 효과적인 연습 중 하나였다.

이제 나는 예측을 연습하고 집중해서 발전시킬 수 있다고 생각한다. 예측은 먼 미래를 내다보는 것이 아니라 바로 눈앞에 있는 것을 보는 것이다.

우리가 경험한 것

내가 만났던 최고의 보좌관 중 한 명은 베서니[Bathany]라는 여성이다. 나는 몇 년 동안 그녀와 같이 일하는 특권을 누렸는데, 그녀는 예측 같은 것을 한 적이 거의 없다.

베서니는 처음에 내 보좌관으로 일하지 않았다. 내 보좌관이 가족과 더 가까이 지내기 위해 그만둘 때까지, 그녀는 사무직으로 일하고 있었다. 베서니가 임시직으로 대신 근무하게 된 것이다. 아이패드와 스마트폰이 나오기 전인데, 이메일을 아무 때나 이용할 수 있었던 시절도 아니었다. 그러나 우리는 사람들에게 빨리 연락하는 것이 중요했다. 그것이 항상 우리의 가치였다.('신속함'을 기억하는가?) 어느 날 내가 탄 비행기가 이륙하기 직전에 스페인어로 적힌 전갈이 왔다. 그래서 스페인어에 능통한 베서니에게 내용을 읽고 최선을 다해 답신을 보내달라고 부탁했다.

그러나 비행기가 이륙해서 날아가고 있는 도중에 나는 이게 스페인어가 아니라 포르투갈어라는 사실을 알아챘다. 아마도 브라질에서 온 전갈일 것이다. 브라질 사람들은 포르투갈어와 스페인어의 차이를 모르는 사람을 정말 싫어한다. 나는 우리가 너무 빨리 행동했다는 사실에 약간 당황했다. 비행기가 착륙하자 나는 베서니에게 전화해서 전갈에 답하지 말라고 말했다.

순간 그녀는 말했다. "죄송해요. 너무 늦었어요. 제가 이미 답장을 보냈거든요. 그리고 스페인어가 아니라 포르투갈어로 되어 있던데, 알고 계셨나요?"

나는 상당히 충격을 받았고 그녀에게 어떻게 처리했는지 물었다. 그녀는 다음과 같이 대답했다. "일단 질문을 이해하기 위해 구글 번역기를 사용했고요. 그런 다음 그가 찾고 있는 것을 알아냈고, 그 주제에 대해 당신이 쓴 백서를 찾았어요. 그리고 구글 번역기를 통해 포르투갈어로 번역해서 그에게 보냈습니다. 너무 빨리 행동해서 정말 죄송합니다."

베서니는 약 2분 만에 임시 보좌관에서 정식 보좌관이 되었다. 그녀는 상대의 요구가 무엇인지 정확하게 예측했다. 뿐만 아니라 그녀는 그 요구를 해결할 기술을 찾았고, 그 요구가 스페인어가 아닌 포르투갈어로 되어 있다는 사실을 알아냈다.

이후로 우리는 정확히 베서니와 같은 사람들을 물색해왔다. 우리는 면접에서 상대가 얼마나 잘 예측할 수 있는지를 판단할 수 있는 질문을 배웠다.

우리는 그것을 지도할 수 있다

우리가 경험한 바로는 예측하는 능력이 가장 지도하기 쉬운 유니콘의 특성이다. 그것은 사고방식을 바꾸는 것만으로 개발할 수 있다. 또한 나는 최고의 골프 선수들과 경기하면서, 그들 모두가 홀을 어떻게 끝내고 싶은지에 따라 티샷을 계획한다는 것을 알게 되었다. 좋은 선수들은 티샷 전략을 결정하기 전에 그린에서 핀 위치와 바람을 연구한다. 같은 맥락에서 최고의 당구 선수들은 체스처럼 최소 세 타를 미리 계획한다.

우리가 면접을 보는 지원자들은 이 직업을 얻기 위해 무엇을 해야 하는지에 대해서만 생각하는 경우가 많다. 뛰어난 지원자들은 자신들의 직업적 목표를 달성하기 위해 이 일을 어떻게 월등하게 할 수 있을지에 대해 이야기한다. 면접 자리에서 지나치게 앞서 나가서 얘기하는 것은 실수라고 생각하는 경우가 많다. 거만하거나 권한을 내세우는 것처럼 보일 수 있기 때문이다. 그러나 나는 전적으로 동의하지 않는다.

부사장직을 뽑는 면접 자리에서 짐은 내게 물었다. "합격하면 이 직책을 얼마나 오래 해야 합니까?" 공격적으로 들리는가? 그렇지 않다. 회사는 급성장한 조직이었고, 정체는 미덕이 아니었다. 나는 짐에게 왜 그것이 알고 싶은지 물었다. 그는 말했다. "이러한 성장 덕분에, 합격자는 승진하거나 스카우트되기 전에 약 3년간은 이 역할에 머물러야 할 것으로 보이기 때문입니다. 제가 옳게 파악한 것이라면, 제 경력 중 최고의 3년을 이 역할에 바칠 각오가 되어 있습니다." 자칫 이 일을 일종의 발판으로 삼는 것처럼 비쳐질 수도 있다. 그랬다면 전형적인 실수였을 것이다. 그러나 오히려 그는 몇 발 앞서 생각하는 사람처럼 보였다. 그는 깊은 인상을 남겼다. 그는 결국 그 일을 맡았고, 2년 후에 승진했다.

유니콘이 전하는 말

설문 응답자들 중 8.72퍼센트는 탁월한 예측가로 밝혀졌다. 그들은 예측가가 되는 데 가장 큰 부분을 차지하는 것은, 모든 것을 예측할 수 없다는 사실과 빠르게 적응할 수 있다는 사실을 아는 것이라고 말했다.

예측가들은 냉정하고 차분하고 아주 침착하다. 적어도 겉으로는 그렇게 보인다. 이것은 그들이 상대하는 모든 사람을 자기편으로 끌어들이는 데 도움이 된다.

리치 G.는 말한다. "사람들은 내가 스트레스를 받는 상황에서도 냉정함을 유지하고 현명하고 빠른 결정을 내릴 수 있다고 생각합니다. 물론 사실이기는 하지만, 그것은 그저 무슨 일이 일어날지, 혹은 사람들이 어떻게 반응할지를 미리 예측하고 마음의 준비를 했기 때문입니다. 저는 스스로에게 예상 질문들을 (비록 우스꽝스럽다거나 지식이 부족한 질문이라도) 던집니다. 그러한 질문에 대한 답을 갖고 있다면, 내가 영향을 미쳐 설득하려는 사람들에게 신뢰감을 심어줄 수 있을 테니까요."

제러미 H.는 동의한다. "저는 행사 전에 잠재적인 '지원' 계획을 준비하면서, 돌발적인 만일의 사태를 생각하는 동시에 빠른 전환을 위한 대비를 합니다. 이를 보여주는 한 가지 사례가 있습니다. 최근에 줌으로 진행된 이사회 회의에 2명의 초청 연사 모두 늦었습니다. 그들이 늦는 바람에 전체 회의 시간을 채우지는 못했지만, 저는 회의의 마지막에 진행할 추가 토론 항목을 미리 준비해두었습니다. 이 토론은 이사회 구성원들에게 의미가 있겠지만, 시간이 허락하지 않는다면 굳이 할 필요는 없는 것이었습니다. 저는 미리 토론과 답변 시간을 준비함으로써, 회의 시간을 십분 활용하는 동시에 연사들을 온라인으로 연결하는 시간을 벌 수 있었습니다. 또한 초청 연사들의 체면을 살린 것은 물론이고, 현장에서 무언가를 서둘러 준비했을 때보다 훨씬 더 좋았습니다. 이러한 실행을 농담조로 '나는 즉흥적으로 행동할 준비를 했을 때 즉흥적으로 잘합니다'라고 말합니다."

메이비스 M.은 사람들이 필요로 하는 것과 그것의 가치를 예측하는 능력을 직업으로 삼았다. "저는 수년에 걸친 경험을 통해, 다음에 있을 행사나 활동이나 성수기를 예측하는 것이 얼마나 가치 있는 일인지를 알았습니다. 저는 35년 이상을 웨딩 코디네이터로 일했으며 예측이 어떤 효과를 내는지 보았습니다. 그리고 그보다 더 오랜 시간 동안, 필요를 예측하고 그에 맞는 사람들을 모집하는 것이 큰 도움이 된다는 사실을 알았습니다. 나의 상사들은 내가 이미 다음에 필요한 것을 생각하고 계획한다는 것을 알고 그 점을 고마워합니다."

채용 담당자들이 예측가를 선호하는 이유

예측가들은 앞으로 닥칠 일을 예측함으로써, 채용 담당자들의 스트레스와 까다로운 대화를 자연스럽게 완화시켜준다. 유니콘인 타일러 A.는 다음과 같이 표현한다. "예측은 미래에 닥칠 잠재적인 갈등을 분산시키는 데 도움이 됩니다. 한번은 회의에 참석했는데 모든 사람들이 극도로 긴장한 상태였어요. 저는 회의를 이끄는 사람의 어조와 취지를 관찰함으로써, 앞으로 몇 달간 업무 내용이 어떻게 변화할지 예측할 수 있었습니다. 몇 가지 개방형 질문을 함으로써, 현재 내 직무의 방향과 그것이 앞으로 어떻게 바뀔지를 확인할 수 있었으며, 그것을 이야기함으로써 긴장을 완화시킬 수 있었습니다."

직장에서 예측가를 양성하는 요령

• 최종 결론을 설정하고 해결하는 연습을 하라.

• 역사를 읽고 배우기를 격려하라.

• '충분히 생각하기'를 지도하라.

우리가 하는 일

나는 교리 역사 분야에서 거의 박사학위를 취득할 뻔했다. 흥미롭게 들리는가? 사실 꽤 흥미진진하다. 미래를 알고 싶다면 과거를 연구하라. 인간은 믿을 수 없을 정도로 주기적이다.(그래서 내 아내는 통이 넓고 배까지 올라오는 '맘 진'이 다시 유행하리라는 것을 예상했어야 했다고 말한다.) 지금 벌어지고 있는 문화 전쟁들 중 일부는 수년 전에 지나간 문화가 다시 시작된 것이다. 그렇다고 해서 현재의 문화 현상을 대수롭지 않게 여기거나 주의를 기울일 필요 없다는 말이 아니다. 과거를 연구하면 미래를 알 수 있다는 의미다.

뒤를 돌아보라

당신의 과거를 공부하기 위해 무엇을 할 수 있는가? 정말 위대한 예측가가 연구하는 분야는 다음과 같다.

- 원가족. 이것은 성인 문제와 행동의 가장 보편적인 근원일지도 모른다. 당신과 당신 가족의 과거로부터 배워라.
- 역사적 패턴. 유능한 예측가인 브리튼 C. Britton C.는 우리에게 말한다. "나는 열렬한 독서광인 데다 특히 역사에 끌립니다. 사람, 문화, 사회의 동향에 대해 배운 것과 나의 영적인 재능이 결합해서 나는 몇 단계 앞을 내다볼 수 있습니다. 예측에 대해

조언하자면, 더 많이 읽으세요."

연습하라

케이시 S.는 계속 연습하면 예측을 아주 잘할 수 있다고 말한다. "저는 고등학교와 대학교 때 펜싱을 했어요. 펜싱 선수는 빠르게 생각하고 반응하는 법도 배워야 하지만, 상대방이 어떤 위치에 있든 그 자리에서 무엇을 할 수 있는지도 예측할 줄 알아야 합니다. 상대방은 그들이 있는 위치에서 어떻게 점수를 얻을 수 있으며, 나는 어떻게 반격할 수 있을까? 그러한 훈련은 온라인에 모든 것을 올리는 시대에 선도적으로 살아가는 데 직접적으로 긍정적인 영향을 끼쳤어요. 당신이 처한 상황에서 할 수 있는 한 자주, 가능한 결과를 상상하는 것이 핵심이에요. 조금씩 꼬인 실을 풀어내는 것과 같은 연습을 규칙적으로 하세요. '이런 일이 일어나면 나는 X를 할 것이다. 그러나 저런 일이 일어나면 나는 Y를 할 것이다. 그리고 또 다른 일이 일어나면 (제발 그런 일이 없기를) 우리는 Z를 할 수밖에 없을 것이다.' 그런 식으로 충분히 자주 한다면, 무슨 일이 일어날지 예측할 수 있는 능력을 높일 수 있습니다."

태미 K.는 동의한다. "앞으로 닥칠 상황을 마음속으로 미리 파악하세요. 잠재적인 결과를 예측하세요."

사라 S.는 무대 덕분에 이러한 기술을 익혔다고 말한다. "고등학교와 대학교 때 다니던 교회의 특별 행사 무대와 지역사회의 극장 무대 두 곳에서 무대 관리를 조금 했어요. 그것이 예측하는 방법을 배우는 데 정말 큰 도움이 되었습니다. 배우가 무대 위를 달리는 모습을 지켜보는 것만큼 좋은 것은 없어요. 그런 다음 소품 테이블을 쳐다봐요. 배우가 사용해야 할 소품이 그 자리에 그대로 있는지 보는 거죠."

그녀는 가장 중요한 팁을 말해주었다. "잠시 멈추고 일어날 수 있는 모든 가능성들을 생각하세요. 그런 다음 목표에 도달하기 위해 정확하게 밟아야 할 과정을 생각해보세요. 그리고 그 목표로 가는 새로운 경로가 당신이 예측했던 것과 다를 수도 있다는 사실을 기억하세요. 그래도 괜찮습니다."

결과를 상상하면서 시작하라

우리는 이것이 스포츠에서 어떻게 작용하는지 알고 있다. 그러나 이러한 관행을 비즈니스에서 널리 알린 사람은 스티븐 코비였다. "결과를 상상하면서 시작하라"는 말은 아마도 예측가가 되고 싶은 사람들에게 최고의 조언일 것이다.

이러한 규칙을 따르며 사는 다이앤 V.는 말한다. "여러 가지 일을 동시에 처리할 수 있는 가장 효율적인 방법은, 명확한 결과를 상상하고 거기에 도달하는 데 필요한 단계들을 열거하는 것이에요. 마감 기한은 중요하죠. 그래서 저는 실제로 필요한 시한보다 더 일찍 설정하고 거기에 맞추려고 무던히 애를 씁니다. 이래야 밤에 잠을 잘 수가 있어요!"

예측하는 유니콘이 되기 위해 필요한 사항

• 예측가는 한 단계 더 높은 수준에서 매우 중요한 역할을 한다.

• 너무 멀리 내다볼 필요는 없다. 그저 주변 사람들보다 조금 더
  멀리 보면 된다.

• 자신, 역사, 환경을 파악하면 더 나은 예측가가 될 수 있다.

BE THE

UNICORN

6장

준비된 유니콘

The Prepared

준비된 유니콘

거의 모든 사람들이 코로나19 상황에 대처할 준비가 되어 있지 않았다. 그러나 특별히 한 명의 리더는 세상이 영원히 변했을 때 회사의 성공을 보장하는 관행과 가치를 확립했다. 줌 화상회의 설립자이자 CEO인 에릭 유안Eric Yuan은 자신의 서비스에 대한 수요 급증에 대해 이미 철저한 대비를 해두었다. 유안은 자신의 직업 생활 전반을 이러한 준비를 하며 보냈다.

경쟁자들이 성공하거나 실패하는 것을 본 후 사람들이 화상회의를 통해 간단하고 쉽게 의사소통할 수 있는 방법을 개발하는 데 착수했다. 다른 경쟁자들처럼 스카이프는 부가 기능이 너무 많고 지나치게 기술 중심이어서 더 많은 기능을 갖추려고 했다. 하지만 유안은 줌이 한 가지 기능을 하되 그 기능을 뛰어나게 만들려고 힘썼다. 그는 "실시간 협업 경험을 혁신적으로 바꾸고 의사소통의 품질과 효율을 계속 향상하는, 사람 중심의 클라우드 서비스"를 개발한다는 브랜드의 사명을 고수했다. 유안은 사용자를 최우선에 두고, 완벽한 제품을 준비했다. 누구나, 심지어 할아버지, 할머니도 줌을 쉽게 사용할 수 있다. 아이들은 적응하는 데 전혀 문제없다. 바보라도 사용할 수 있을 정도로 사용자 친화적이다. 더구나 무료다. 세상은 코로나에 대응할 준비가 안 되어 있었지만, 에릭 유안은 세상을 위해 그의 제품을 준비하고 있었다.

준비된 자에게 행운이 찾아온다. 자신의 과제를 잘하는 사람들은 항상 경쟁 우위를 점해왔다. 그러나 오늘날의 세상에서, 직업과 면접 그리고 인간관계를 준비하는 방법이 급격하게 변했다. 이 장은 새로운 세상에 대비할 지침서와 평범한 사람들을 뛰어넘는 열쇠를 알려줄 것이다.

12년 동안 UCLA 브루인스 팀을 10회나 미국대학농구선수권 (NCAA) 우승으로 이끈 존 우든 코치는 코트에서의 성공뿐만 아니라 그 성공에 도달한 방식으로도 사랑받고 있다. 우든 코치는 유치원에 더 잘 어울릴 법한 수업으로 매년 첫 연습을 시작하곤 했다. 그는 선수들에게 양말과 신발 신는 법을 가르쳤다. 팀 선수들이 양말과 신발 신는 법을 몰랐다는 것이 아니라, 경기할 때 영향을 미칠 수 있는 세부 사항을 기억하라는 재학습이었다. 뭉친 양말과 느슨하게 묶인 운동화는 발에 물집이 생기게 하고, 물집은 경기력에 영향을 주며, 형편없는 경기력은 패배를 가져다주고, 기록이 좋지 않으면 선수권 대회에 출전할 기회를 잃는다. 우든은 이런 사소한 준비로 경기의 향방이 완전히 달라질 수 있다는 사실을 선수들에게 보여주었다.

우리가 알고 있는 것

스카우트[Scouts]를 창설한 로버트 베이든 파월[Robert Baden-Powell]은 조직의 좌우명을 '준비하라'로 정하고, 그것이 어떤 의미인지를 다음과 같이 적었다. "의무를 다하기 위해 정신과 신체가 항상 준비된 상태이다. 모든 명령에 따르도록 스스로를 단련하고, 일어날 수 있는 사고나 상황을 미리 생각함으로써 적절한 순간에 올바른 일을 기꺼이 하도록 마음의 준비를 한다."

'모든 명령에 따르라'는 부분은 우리의 정의에서 제외할 수 있지만, 사전에 준비한다는 점은 확실히 유니콘의 성향이다.

준비된 자의 사실

로버트 베이든 파월은 1941년 사망하기 전에 조직에게 감동적인 마지막 편지를 썼다. 그는 스카우트 단원들에게 다음과 같이 촉구했다. "이 세상에 당신이 태어났을 때보다 조금은 더 잘 떠나려고 노력하시고, 당신이 죽을 차례가 오면 어쨌든 시간을 낭비하지 않고 최선을 다했다고 느끼며 행복하게 죽을 수 있도록 하세요. 이런 식으로, 행복하게 살고 행복하게 죽을 수 있도록 '준비하라'는 것(스카우트 서약이 항상 강조하는)입니다. 심지어 더 이상 소년이 아닌 이후에도 말이죠. 그리고 신은 당신이 그렇게 할 수 있도록 도와주십니다."

준비형 유니콘 - 앤서니 파우치^{Anthony Fauci}

맥가이버부터 메리 포핀스, 그리고 청소년 야생 탐험가 러셀 주니어에 이르기까지, 우리는 준비된 사람이 누구인지 잘 알고 있다. 하지만 현실에서는 어떤 인물일까? 바로 앤서니 파우치와 같은 사람이다. 백악관에 소집된 즉시, 일반 시민들이 이해할 수 있는 언어로 면역학의 핵심 사항들을 설명하려면 특별한 사전 준비가 필요하다. 팬데믹으로 분열된 나라를 진지하고 침착하게 이끌기 위해서는 훨씬 더 특별한 사전 준비가 필요하다. 그러나 파우치는 1968년 국립보건원에 처음 들어가서 자신의 직업적 삶을 모두 이를 준비하는 데 썼다. 그는 1984년부터 미국 국립알레르기·전염병연구소 소장으로 있으면서, 로널드 레이건 이후 모든 대통령들을 모셨다. 조지 W. 부시 대통령은 에이즈 연구에 기여한 공로로 그에게 대통령 자유 훈장을 수여했다. 2022년 8월에는 그해 12월에 공직에서 은퇴하겠다는 계획을 발표했다. 시간이 지나면, 미국이 그의 지도가 없는 삶에 얼마나 잘 준비되어 있는지 밝혀질 것이다.

우리가 경험한 것

내가 고용했던 최고의 사람들 중 한 명은 내 친구 홀리^{Holly}이다. 나는 9년 이상을 그녀와 함께 일할 수 있어서 기뻤다. 그녀는 경력 초기부터 나와 일했는데, 당시 나이가 23세였다. 나는 몇 번 그녀를 면접 봤는데, 모든 것은 그녀의 끈기로 시작되었다.

홀리는 나와 계약을 체결하려고 했던 영업사원이었다. 그것도 내가 관심 없는 제품을 가지고서 말이다. 게다가 나는 영업사원의 전화를 좋아하지 않았다. 더구나 끈질긴 영업사원들은 정말 질색이었다. 그러나 홀리는 계속 전화했다. 홀리는 나를 지치게 만들었고 나는 결국 그녀와 회의하기로 했다. 하지만 나는 그때 다른 직원 2명에게 (그렇다, 우리 회사는 소규모였다) 재빨리 말했다. "그녀가 오는 날은 내가 바쁠 테니 여러분 중 한 분이 회의에 참석하세요."

그들은 그녀가 언제 오는지 물었다. 나는 "내가 바쁠 때요"라고 대답했다.

드디어 홀리가 사무실을 방문했다. 소수의 팀과 1시간 정도 하기로 했던 회의는 몇 시간으로 늘어났다. 그날 내가 늦게 사무실로 돌아오자, 우리 팀은 홀리를 어서 고용하라고 말했다.

그래서 우리는 면접을 시작했고, 세 번째 면접에서 나는 그녀에게 물었다. "그래서 홀리 씨, 직장에서 첫 6개월 동안 무엇을 할 건가요?"

그녀는 말했다. "우선 우리의 고객 기반과 우리가 제공하는 것을 배워야 합니다. 제가 회사에 대해 잘 알아야 하니까요. 그런 다음 남은 시간과 에너지는 이것을 하도록 설득하는 데 사용할 겁니다." 그녀는 허브스팟^{HubSpot}을 사용하여 인바운드 마케팅을 진행해야 하는 이유에 대한 프레젠테이션 자료를 꺼냈다. 우리는 허브스팟을 계약했고, 나는 홀리를 고용했다. 그녀는 홀리 허브스팟이라고 불렀다. 그리고 우리 회사는 예전 같지 않았다. 그녀는 면접 준비를 잘해 왔고, 지적이었으며, 요구하지 않았는데도 이 회사에서 무엇을 할 것인지를 명확하게 생각해두었다. 그녀는 너무나 많은 유니콘의 특징을 보여주었고, 나는 수년 동안 그녀와 일하면서 많은 것을 배웠다.

채용 담당자들이 준비된 사람을 선호하는 이유

당신의 회사에 대해 제대로 알고자 노력했다는 성의를 보여주는 지원자는 좀 더 무심한 태도로 임하는 지원자들보다 분명 유리한 입장에 서게 된다. 비싸게 구는 태도는 채용 담당자들에게 통하지 않는 경우가 많다. 당신의 마음을 솔직하게 드러내고 채용하려는 사람보다 더 준비된 모습을 보여주는 것이 가장 좋다.

직장에서 준비성을 함향하는 요령

• '반대 측 연구'를 장려하라. 어떤 주제에 대해 자신의 입장을 주장하는 것만으로는 충분하지 않다. 상위 1퍼센트는 반대 의견을 잘 알고 그것에 대응할 준비가 되어 있다.

• 계획과 아이디어에 건설적인 구멍을 내는 연습을 하라. 팀이 모든 시나리오를 생각하고 준비하는 데 도움이 될 것이다.

유니콘이 전하는 말

유니콘들 중에서 5.38퍼센트는 자신이 준비된 사람이라고 밝혔다. 대다수는 프레젠테이션과 회의에서 사실을 명확하게 아는 것이 얼마나 중요한지 말했다. 준비된 사람의 이점은 많다.

준비는 존경과 승인을 얻는다

스티브 R.은 말한다. "회의나 프레젠테이션을 준비할 때, 내가 제안한 해결책의 이점을 완전히 꿰뚫고 있을 뿐만 아니라, 그 입장을 지지하는 사람들만큼 효과적으로 모든 반대 견해를 방어하는 데 매우 익숙합니다. 항상 내 입장을 완전히 파악하고 어떤 반대 의견도 효과적으로 대처할 수 있으면, 다른 사람들은 내가 모든 상황을 완전히 파악하고 있다는 사실을 쉽게 알아차립니다." 그는 이를 통해 더 많은 논쟁에서 이길 수 있었다고 말한다. 그가 단순히 "어떤 것을 억지로 밀어붙이려고 하는" 사람으로 보여지지 않기 때문이다.

에밀리 V.도 이런 경험을 했고, 준비하는 것이 훨씬 더 효율적이라고 덧붙인다. "경력 초기에 한 멘토가 사람들이 회의에 늦거나 준비되지 않은 채로 참석하면 회사의 자원이 얼마나 낭비되는지를 지적했습니다. 그 말이 지난 몇 년 동안 두고두고 마음에 남았어요. 나는 다양한 프로세스나 절차를 분석해서 그것들을 개선할 방법을 제안합니다. 내가 이야기를 나누는 사람은 대부분 나보다 훨씬 더 경험이 많았어요. 내가 준비되지 않고 나의 제안에 대해 적절한 근거와 이유를 댈 수 없으면, 내가 돕고자 하는 사람에게 존중받기 힘들 것입니다."

준비된 모습을 보여주는 것은 실제로 준비된 것만큼 중요하다. 스콧 H.는 말한다. "잘 준비되었다면 전투에서 절반은 이겼다고 할 수 있습니다. 준비가 잘되어 있고 전문적으로 행동한다면, 사람들은 처음부터 당신에게 호의적인 인상을 가지고 대개는 의심의 여지 없이 기회를 줍니다. 당신이 그 업무와 회의 그리고 관련된 사람을 중요시하고 그들의 시간을 소중히 여긴다는 사실을 충분히 전달하기 때문이죠."

준비는 모든 사람의 시간을 벌어준다

준비된 사람들은 더 많은 회의를 할 필요가 없도록 해결책과 제안을 내놓기 때문에 MVP들을 만난다. 제이슨 M.은 말한다. "시간을 갖고 앞으로 다가올 일에 대비하면 커다란 보상을 얻을 것입니다. 미리 준비하면 끊임없는 회의의 소용돌이에 휘말리지 않고 상당한 시간을 절약해서 조직이 앞으로 나아갈 수 있습니다."

준비는 자신감을 준다

마크 E.는 말한다. "회의나 미팅을 할 때 저보다 더 준비를 철저히 하는 사람은 없을 겁니다. 그들은 준비되었을지 모르지만 결코 충분하지 않습니다. 준비를 잘하면 일반적으로 문제가 드러나기도

전에 많은 문제들을 해결하고, 실제 문제들을 더 빠르고 더 쉽게 해결한다는 사실을 수년에 걸쳐 배웠습니다. 심지어 내가 준비한 것을 다 사용하지 않더라도, 일단 준비가 되면 다른 사람들과 상호작용하면서 더욱 강한 자신감을 느낍니다."

우리가 하는 일

우리 회사의 COO(최고운영책임자) 제니퍼는 고등학교 시절 위스콘신주 그린 베일 미인 대회에서 우승한 미스 주니어 출신이다. 유니콘의 특성을 많이 가지고 있는(그녀는 신속하다) 그녀는 많은 대회에서도 긴장하지 않았다고 말한다. 그녀는 플루트 독주를 완벽하게 연주했다.(그녀는 자신이 연습을 너무 많이 해서 자기 고양이도 플루트를 연주할 수 있을 거라고 말한다.) 그녀는 자신의 머리와 화장에 대해서도 완벽한 계획을 갖고 있었다. 의상을 챙기는 일은 쉬웠다. 그녀가 유일하게 긴장했던 일은 자신이 통제할 수 없는 것, 즉 면접이었다. 면접 질문들은 '그녀 주변의 상황'에 관한 것으로 한정하기로 약속했다.

그래서 그녀는 무엇을 했을까? 그녀는 자신을 둘러싼 '세계의 상황'을 공부했다. 그녀의 가족들도 그렇게 했다. 그녀는 르완다의 대학살이나 보스니아와 크로아티아에서 전쟁이 늘어나는 사태에 대해 무엇이든 말할 수 있었다. 그녀가 이름을 댈 수 없는 세계적인 지도자는 없으며, 그녀가 응원하지 않는 멸종위기종도 없다. 그녀는 주변 상황에 대해 완벽하게 공부했다.

그리고 그녀는 경쟁에서 이겼다. 면접에서 가장 낮은 점수를 받았음에도 불구하고 말이다. 면접 질문은 비디오게임에 관한 것이었는데, 폭력이 그녀 세대에게 나쁜 영향을 미친다고 생각하는지에 대한 것이었다. 친구의 닌텐도로 테트리스 정도밖에 해본 적이 없었기 때문에, 그녀는 질문에 대해 자신이 희망했던 만큼 준비되어 있지는 않았다. 하지만 항상 그랬던 것처럼 준비된 그녀는 설득력 있게 대답할 자신이 있었다.

당신의 과제를 하라

제니퍼와 같이 준비된 사람들은 인터뷰나 회의 또는 프레젠테이션을 하기 전에 과제를 수행한다.

데이비드 R.은 학생들에게 과제를 내주면서 자신도 과제하는 법을 배웠다. "제가 교생 실습을 할 때 대수학 1을 신속하게 가르칠 수 있다고 생각했습니다. 저는 수학을 정말 잘했기 때문에 제가 학생들에게 내주는 과제도 그때그때 바로 풀 수 있다고 생각했거든요. 하지만 실상은 그렇지 않다는 것을 꽤 빨리 깨달았고 교생 실습 과목에서 하마터면 낙제할 뻔했습니다. 감사하게도 나의 조언자들이 나의 잠재력을 보고 두 번째 기회를 주었습니다. 저는 과제를 내주기 전에 먼저 풀어보고 모든 수업을 미리 준비했습니다. 이후로 저는 무엇을 하든 미리 확실하게 준비합니다. 제가 이끄는 사람들이 저를 믿고 의지할 수 있도록 연구하고 질문하고 해결책을 모으는 데 시간을 씁니다."

크리스티 A.는 말한다. "당신이 필요한 모든 정보를 갖고 있다고 절대 가정하지 마세요. 자신의 과제를 준비할 때 정직하고 식견이 풍부한 사람들로 자신의 주위를 채우세요."

모든 각도에서 바라보라

예측가들처럼 준비된 사람들은 전체 그림을 본다. 버스터 W.는 이렇게 말한다. "계획이 있을 때 주요 이해 관계자들이 그 계획의 각 단계에서 어떻게 반응할지 생각해보세요. 가장 가능성 있는 반응은 무엇일까? 가장 좋은 반응은 무엇일까? '최악의 반응'은 무엇일까? '최악의 반응'을 해결하면 그것에 대해 충분히 생각했다는 것을 보여주고 최고의 반응을 얻을 수 있을 것입니다."

지향하라

"어떤 것이든 더 잘할 수 있는 최선의 방법은 헌신과 지향성입니다"라고 레베카 M.은 말한다. "저는 '원하는 목표를 성취하기 위해 정확하게 어떤 조치를 취해야 할까요?'라고 묻습니다. 저는 회의를 위해, 회의에 참석하는 사람들을 위해, 회의의 목적을 위해 준비합니다."

앨런 C.는 40년 전에 자신의 멘토가 해준 조언을 여전히 사용한다고 말한다. "그는 내게 '업무를 계획하라, 계획을 실현하라'라고 말했습니다. 그는 모든 목표를 매주, 매월 세우라고 강조했어요. 그런 다음 계획을 적용한 것, 즉 효과가 있었던 것과 없었던 것에 대해 보고합니다. 이러한 훈련 덕분에 저는 매우 체계적이고 효율적으로 일할 수 있었습니다."

존 R.이 준비하는 방식은 직장과 경기 모두에서 효과적이다. "실전에 임하듯이 연습하라"고 그는 말한다. "소년 야구 팀을 지도할 때나 업무적으로 고객과 미팅을 준비할 때도 마찬가지입니다. 이것은 단순히 기술을 개발하거나 일을 열심히 하라는 것이 아니라, 특정한 목표에 초점을 맞춰 의도적으로 준비해야 한다는 뜻입니다. 목표를 미리 정하고, 다양한 시나리오와 질문을 생각하거나, 현재 경기 상황에서 공이 당신에게 날아오면 어떻게 반응할지 생각하세요."

준비된 유니콘이 되기 위해 필요한 사항

- 준비된 사람들은 자신감이 고취되어 더 쉽게 승인받을 수 있다.
- 준비가 부족한 것보다 과한 것이 더 낫다.
- 비디오게임 지식이 언제 쓸모가 있을지 결코 알 수 없다.
- 준비하는 것을 절대 멈추지 마라.

BE THE

7장

자기 인식이 높은 유니콘

The Self-Aware

UNICORN

자기 인식이 높은 유니콘

린지 스나이더^{Lynsi Snyder}는 서른다섯 번째 생일에 억만장자가 되었다. 미국 서부 해안 지역의 패스트푸드 체인인 인앤아웃 버거의 CEO인 그녀에게 자기 인식은 성공의 필수 요소이다. 자기 인식은 납치 시도에서 살아남고, 가족의 죽음과 결혼 실패로 어려운 청년기를 극복하는 데 도움이 되었으며, 그녀의 회사가 성공하게 된 비결이기도 하다. 인앤아웃은 그녀의 조부모가 1948년에 버거 체인을 설립했던 이래로 거의 변하지 않았다.

"나는 처음 시작했던 것을 충실히 지키고 싶었어요. 그렇게 하려면 내가 수호자가 되어야 했어요"라고 그녀는 〈포브스〉와 인터뷰에서 말했다. 메뉴가 70년 동안 크게 변하지 않았다는 사실은 브랜드가 매력적이라는 증거이다. 몇 안 되는 간단한 메뉴들을 신선하게 제공하는 능률적인 프로세스가 브랜드 가치를 높이고 열렬한 팬 층을 구축한다. 스나이더는 행복한 직원이 행복한 고객을 만든다는 사실을 잘 알고 있으므로, 인앤아웃의 임금은 다른 프랜차이즈 체인점에 비해 항상 높다. 관리자들은 연간 16만 달러의 급여를 기대할 수 있다. 이러한 인식과 직원들에 대한 관심으로 인해 스나이더는 글래스도어^{Glassdoor}(직장 및 상사 평가 사이트-옮긴이)가 뽑은 최고 경영자에 매년 오르고 있다.

세상이 이토록 소란스럽거나 바삐 돌아간 적이 없었다. 자기 인식을 가지고, 자신의 약점을 알고, 중요한 대화에서 자신의 위치를 깨닫는 능력을 가진 사람들이 그 어느 때보다 드물 것이다. 자기 인식의 과정을 배우면 어수선하고 바쁜 군중 속에서 더욱 돋보일 수 있다.

나는 서른한 살에 휴스턴 제1 장로교회의 담임목사로 부름을 받았다. 이곳은 샘 휴스턴^{Sam Houston}이 다녔던 교회로, 이 도시에서 가장 오래된 교회이다. 나는 기록상 가장 어린 목사였다.

나는 도저히 감당하기 힘들었다. 내가 모르는 것들에 대해 자각하지 못했다. 자신감이 부족한 것이 아니었다. 좀 더 정확하게 말하면 자부심이 부족하지도 않았다. 그리고 비전이 없는 것도 아니었다. 좀 더 솔직히 말하면 비전이 아니라 반짝이는 물건 증후군(새롭고 흥미로운 것에 쉽게 끌려서 기존의 목표나 업무에 주의를 기울이지 못하는 현상-옮긴이)이었다.

나는 큰 조직을 운영해본 경험이 없었다. 큰 교회의 선임목사가 된 적도 없었다. 심지어 대형 교회의 일원인 적도 없었다. 돌이켜보면 조사위원회가 이 직무에서 서른한 살짜리 윌리엄을 평가한다면, 향후 가능성은 있겠지만 확실하게 탈락시켰을 것이다.

내가 가진 장점 한 가지는 서른한 살이면 모든 것을 알고 있다고 믿었다는 것이다.

우리가 알고 있는 것

소크라테스는 많은 글을 쓰지는 않았지만, 가장 유명한 "너 자신을 알라"는 최고의 조언을 남겼다. 자신의 강점과 약점을 잘 알고 스스로에게 정직한 사람은 유니콘이 될 가능성이 가장 크다.

자기 인식을 잘한다고 해서 좋은 것만은 아니다. 그러나 당신의 삶이 더 수월해지고, 당신과 교류하는 사람들의 삶도 더 수월해지는 것은 확실하다. 우리 집에 온 방문객이 얼마나 머물지 결정할 때 그들이 좀 더 자기 인식이 높았으면 하고 우리가 얼마나 간절히 바라겠는가? 유니콘이 가진 많은 특성들처럼, 자기 인식은 일종의 생존 기술이다.

다시 한 번 선사시대의 조상들을 생각해보라. 거대한 하이에나보다 더 빨리 달릴 수 있다고 생각하는 사람과 그럴 수 없다는 사실을 알고 있는 사람 중 누구의 생존 가능성이 더 높을까? 자기 인식을 하고 자신의 한계를 알면 살아남을 수 있다. 지나치게 자신만만한 친구가 가장 강한 생존자가 되기 위해 시행착오를 거듭하는 동안, 그 짐승의 속도를 아는 당신은 잽싸게 도망가서 안전하게 나무에 올라갈 수 있다. 짐승과 상대가 되지 않는다는 것을 알기 때문이다.

오늘날의 자기 인식

우리 조상들은 자신의 능력을 정확하게 인식함으로써 다음 세대로 이어질 수 있을 만큼 오래 살아남았다. 오늘날 이러한 기술은 일상생활에서 성공 요인이 된다. 자기 인식이 있으면 스스로를 위험에 빠뜨리거나 실패로 이끌지 않는다. 국제선 비행을 하고 나면 좀비(지친 상태)가 된다는 것을 알고 있는가? 자기 인식이 있으면 기조연설을 하기 위해 공항에서 곧장 컨벤션 센터로 향하지 않고 적응할 시간을 가질 것이다. 중요한 회의를 앞두고 주체할 수 없을 정도로 땀을 많이 흘리는 경향이 있는가? 자기 인식이 높은 사람은 검은색 옷이나 땀 방지 기능이 있는 옷을 입고, 에어컨을 세게 틀어놓을 시간을 확보하고, 회의실로 향하기 전에 스트레스를 제거하는 수많은 방법을 알고 있다. 나는 정말 가슴에 손을 얹고 말할 수 있다. 휴스턴 로케츠 경기에서 내 번호가 호명되어 거액을 받을 수 있는 하프코트 슛을 해야 한다면, 나는 자리에서 일어나지도 못할 것이다. 그런 일은 절대 일어나지 않을 것이고, 치어리더들은 거대한 폼 코어(반사판으로도 사용되는 딱딱한 스티로폼-옮긴이) 수표를 들고 나올 필요도 없다.

긍정적인 면에서 자신의 장점을 알고 있으면 승리를 차지할 수 있을 것이다. 뉴욕 양키스의 투수이자 명예의 전당에 오른 마리아노 리베라Mariano Rivera를 예로 들어보자. 마무리 투수인 그는 9회 말에 확신을 가지고 마운드에 올라갈 수 있었다. 그는 자신이 양키스의 선두를 지킬 수 있다는 것을 알았고, 팀도 그것을 알고 있었다. 이것이 강점을 활용하는 것이다.

그와 똑같은 일이 우리 평범한 사람들에게도 일어난다. 나는 내 전문 분야에서 할 수 있는 것이 무엇인지 충분히 알고 있다. 내가 가장 좋아하는 것들 중 한 가지는 공개 연설이다. 나는 항상 조용하고, 침착하고, 차분하게 보이지 않을 수는 있지만 대개는 그러한 상태다. 그리고 그렇지 않은 경우에도 나는 TV나 그 밖의 다른 곳에서 조용하고 침착하고 차분하게 연기할 수 있다. 나를 군중 앞에 세워보라. 그러면 나는 군중들이 원하는 한 오랫동안 기꺼이 얘기할 수 있다. 내가 성경의 내용을 잘 알고 있고 인생 경험을 많이 한 것이 도움이 된다. 그것이 내가 많은 이야기를 끌어낼 수 있는 자료가 된다는 사실을 잘 알고 있다. 나의 팀 역시 그것을 알고 있다. 나는 모든 상황에 적합한 이야기를 알고 있고, 어떤 주제든 새로운 이야기를 끌어내서 이어나갈 수 있다.

잘난 척하는 것이 아니다. 그리고 당신도 자신의 장점을 열거하는 것은 잘난 척이 아니다. 자신 있게 발휘할 수 있는 능력이 무엇인지 아는 것은 두각을 나타나는 데 필수 요소다.

또한 자기 인식을 하면 해결책을 더 잘 찾을 수 있다. 스스로를 잘 알면 약간의 (혹은 더 많은) 겸손함도 자연스럽게 따라오기 때문에, 자기 인식이 높은 사람은 문제에 직면했을 때 객관적으로 생각할 수 있다. 자기 인식은 자신에 대해 잘 알면서도 모든 것이 자신에게 달려 있지 않다는 것을 아는 것이다. 어떤 위기가 닥치든 자기 인식을 가진 사람은 평정심을 유지하고 목표에 전념한다. 위기에 처했을 때 자기 인식이 얼마나 도움이 되는지를 가장 훌륭하게 요약한 것은, 러디어드 키플링의 〈만약에"〉라는 시의 처음 몇 줄(만약에 네가 온 세상이 무너져 내리는 속에서도 / 냉정함을 잃지 않을 수 있다면 / 그리고 남들이 두려워할 때도 / 너 자신을 믿을 수 있다면……)이다. 다른 사람들이 이성을 잃었을 때 침착함을 유지하는 것이 중요하다는 내용이다. 유니콘은 자기 인식 덕분에 키플링이 묘사한 대로 중심을 잡고 평소처럼 행동할 수 있다.

그러나 자기 인식을 가진 사람들은 불굴의 정신과 식민지 개척자 근성만 있는 것은 아니다. 그들은 일반적으로 더 행복하다. 〈하버드 비즈니스 리뷰〉에는 바로 이 주제에 관한 훌륭한 기사가 실렸는데, '자기 인식'이 업계의 유행어가 되기 시작했던 2018년으로 거슬러 올라간다. 2004년에 〈사회 및 임상 심리학 저널Journal of Social and Clinical Psychology〉에 실린 연구에 따르면, 자기 인식은 풍성한 행복의 열쇠라고 한다. 자기 인식을 하는 사람들은 더 창의적이고 자신의 일을 더 효과적으로 하고, 인간관계도 좋으며, 더 나은 리더로 승진할 가능성이 더 높다. 자신을 아는 것에 관해서라면, 모르는 게 약은 아닌 셈이다.

채용 담당자들이 자기 인식이 높은 사람을 선호하는 이유

당신이 개입하지 않을수록 일은 더 원활하게 진행된다. 채용 담당자들은 자기 인식이 높은 사람들을 높이 평가한다. 그들은 회의에서 불필요한 공간을 차지하거나 다른 사람의 시간을 낭비하거나 다른 사람들을 불편하게 만들지 않는다. 그들은 건설적이고 진정한 피드백을 마음 깊이 새겨듣는다. 자기 인식을 하는 사람들은 회사의 문화에 매우 중요한 역할을 한다.

직장에서 자기 인식을 함양하는 요령

- 회의할 때 자신들의 습관을 주의 깊게 살피라고 요청하라. 다른 사람들의 말을 가로막는가? 그저 말하기 위해 말을 하는가?
- 평가에 대해 생각하고 팀원들에게 피드백의 결과를 고민하라고 요청하라. 그들이 제공하는 정보가 실제로도 유용한가?
- 팀 동료들이 서로의 좋은 점을 공유할 수 있는 곳에서 건설적인 피드백과 긍정적인 견해를 말할 기회를 제공하라.
- 가능하면 직원들의 강점과 선호도에 따라 업무를 할당하라. 존이 회의록 작성하기를 좋아하고, 스티브가 점심 주문을 잘 정리하고, 힐러리가 프레젠테이션 슬라이드를 기꺼이 준비한다면, 일정 시간이라도 굳이 직원들이 싫어하는 일을 요구하지 마라.

자기 인식형 유니콘 - 돌리 파튼^{Dolly Parton}

돌리보다 자기 인식을 더 잘하는 사람도 없다. 그녀는 과장된 이미지를 자신의 브랜드로 만들었는데, 이는 놀라운 음악적 재능은 말할 것도 없고 친절함과 관대함 그리고 공감을 의미한다. 그녀는 자신이 어렸을 때, 마을에서 평판이 좋지 않았던 한 여성의 스타일을 숭배한 이야기를 들려주었다. 다른 모든 사람들이 그 여성을 '싸구려'라고 불렀지만, 돌리는 그녀의 부풀린 머리와 꽉 끼는 옷을 좋아했다. 당시에 돌리는 자신이 구축한 이미지로 비판을 받았지만, 누구도 그녀에게 아직 의식이 깨어 있지 않다거나 완벽하게 행복하지 않다고 말할 수는 없다. 돌리 파튼은 이렇게 말한다. "자신이 누구인지 발견하고 의도적으로 자기답게 행동하세요."

우리가 경험한 것

생각해보면 우리 모두는 다른 사람들의 자기 인식에서 이익을 얻는다. 그것은 기본적으로 에밀리 포스트가 말하는 예절을 실천하는 것과 같다. 누군가 지하철에서 당신을 위한 공간을 내주는 것이 바로 자기 인식이다. 누군가 어떤 주제에 대해 이야기하다가 상대가 다른 갈 곳과 할 일이 있다는 사실을 깨닫고 이야기를 멈추는 것이 자기 인식이다. 비행기 화장실에 있는 작은 금지 표시가 지워졌다고 해도 표지판의 지시에 따르는 것이 자기 인식이다.

자기 인식은 더 나은 사람이 되기 위해 자신과 맺는 약속이다.

자기 인식은 자신에게도 도움이 된다

새로운 직위에 적합한 사람을 찾기 위해 내 친구 에릭에게 제안했던 일을 절대 잊지 못한다. 우리는 남부 캘리포니아에 있는 아주 유명하고 매우 큰 고객의 의뢰를 받아 적임자를 찾고 있었다. 나는 에릭이 혹시 관심 있는지 알아보기 위해 메시지를 보냈다. 며칠 후에 그는 다음과 같이 답장을 보냈다. "내가 너한테 얘기하면 넌 믿지 않을 거야."

그래서 다음 날 전화를 걸었다. 그러자 그는 내가 메시지를 보냈을 때 자신은 딸과 여행 중이었다고 말했다. 공교롭게도 남부 캘리포니아로 떠난 여행이었다. 내가 그에게 관심이 있는지 알아보기 위해 문자 메시지를 보내기 직전, 그의 딸이 다음 직업으로는 무엇을 할 것인지 그에게 물었다고 한다. 그는 딸에게 현재의 일을 계속할 수도 있고, 다른 회사의 CEO 자리를 수락할 수도 있고, 가능성이 희박하지만 어딘가 다른 곳에서 목사가 될 수도 있다고 대답했다.

그의 딸은 그러기로 결정한다면 어떤 종류의 교회에서 목사를 할 것인지 물었다. 그는 대답했다. "흠, 대도시에 있는 교회가 아니라 대도시에서 가까운 곳이겠지. 인구통계학적으로 어느 정도 변화를 겪고 있는 도시여야 할 거야. 왜냐하면 내가 가장 잘 섬길 수 있는 곳이거든. 그리고 솔직히 말하면, 해안 근처여야겠지. 엄마와 내가 정말 행복하게 지냈던 곳이니까."

에릭은 사우스 마이애미에서 인구통계학적 변화가 두드러진 아주 부유한 지역사회에서 목사로 일했다. 그는 그곳에서 환상적으로 일했다. 그는 해안 근처에 있었다. 대도시 근처이긴 하지만 도시 밖이었다. 에릭은 그런 환경이 아니었다면 고려해보지 않았을, 자신이 직책을 잘 맡을 수 있는 환경이 어떤 것인지를 잘 알고 있었다. 내가 제안했던 직책은 어땠냐고? 로스앤젤레스 근처이긴 하지만 도시 안은 아니었다. 부유하고 인구통계학적 변화가 두드러진 지역이었다. 그리고 마지막으로 해안가였다.

에릭이 딸에게 얘기했던 것을 말해주었을 때 나는 충격을 받았다. 그것은 이전의 성공과 경험, 그의 열정과 개인적인 선호에 뿌리를 둔 자기 인식을 보여주었다. 그런 경우는 상당히 드물다. 그리고 아니나 다를까, 에릭은 다시 성공했고, 뛰어난 유니콘임을 확실히 증명했다.

유니콘이 전하는 말
설문조사에 응한 사람들 중 8.38퍼센트가 자기 인식이 가장 강하다고 밝혔다. 이로써 자기 인식은 네 번째로 많은 특성이 된다. 유니콘들은 자기 인식으로 인해 다양한 방식으로 삶의 모든 측면에서 혜택을 보았다.

자기 인식은 더 효율적인 문화와 더 행복한 팀을 만든다

유니콘 앤드루 E.는 자기 인식이 뛰어난 리더가 더 나은 리더이자 더 나은 동료이며 더 나은 팀을 만든다는 사실을 발견했다. "그들은 건강한 업무 환경을 조성합니다. 왜냐하면 그들은 팀을 어떻게 이끌어야 하는지에 대한 본보기와 분위기를 갖추고, 자신의 자아를 잘 조절하기 때문입니다. 다시 말해서 그들은 자신들이 모든 경우에 옳다고 생각하지는 않으며, 도움을 요청하기도 하고, 자신들이 모든 것을 할 수 없다는 사실을 압니다. 어떤 일에 관해서는 부하직원들이 더 잘한다고 얘기하기도 합니다."

"반면 자기 인식이 부족한 리더들은 해로운 업무 환경과 유해한 직원들을 만듭니다. 그들은 건전하지 못한 사람들이 분명합니다. 자기 인식이 높은 리더들은 겸손하고 서번트 리더십(현장 실무자들에게 권한과 책임을 위임하고, 업무를 잘 수행할 수 있도록 지원하는 리더십-옮긴이)을 보여주며, 자기 인식이 부족한 리더들은 자기애가 강한 양상을 보입니다. 자기애가 강한 사람은 어느 정도 성공할 수는 있지만, 그들이 떠나자마자 엉망진창이었다는 사실이 드러납니다. 나는 그러한 상황을 몇 번이나 보았습니다. 자기 인식이 강한 리더는 결코 자신만을 생각하지 않기 때문에 성공을 지속할 수 있습니다."

랄프 K.는 최고의 팀을 만드는 데 자기 인식이 필수라고 말한다. "자기 인식을 하면 다른 사람들의 장단점은 물론이고 나의 강점과 약점도 제대로 파악하기 때문에 모든 사람들이 함께 제 기능을 다 할 수 있습니다."

애덤 Q.도 같은 의견을 보인다. "자기 인식이 있는 리더가 더 나은 팀을 만들 수 있습니다. 자연스럽게 사각지대를 채울 것이고 더 겸손하면서도 더욱 지능적인 리더가 될 겁니다. 자기 인식이 있으면 자신이 이끄는 사람들을 더 깊이 알고 싶은 욕구가 생깁니다. 그들을 깊이 알게 되면 그들의 반응에 더 잘 대응하는 방법, 그들의 건강을 확인하는 방법, 그들의 능력을 활용하는 방법, 그들에게 감사한 마음을 효과적으로 표현하는 방법 등 훨씬 더 많은 것을 알게 됩니다."

유니콘 크리스틴 B.는 자기 인식의 이점은 단지 일회적인 에피소드로 끝나는 것이 아니라 일종의 고전이 된다는 점을 상기시킨다. 그녀는 다음과 같이 말한다. "저는 리더십에 관한 학부 강좌를 하나 맡고 있어요. 거기에서 좋은 리더의 특성 중 하나로 가르친 것이 자기 인식이었습니다. 자기 인식은 의사소통 기술을 향상시켰고, 나의 약한 부분을 채우거나 아니면 나보다 더 잘하는 사람들을 찾아서 더 나은 팀을 구성하는 방법을 찾을 수 있었습니다."

직업을 수행할 만한 자기 인식

마이클 Z.는 오랜 기간 다양한 경험을 통해 자기 인식을 세밀하게 개선해왔다. "저는 40년 넘게 성직자로서 아홉 곳의 교회에서 봉직해왔습니다. 그동안 다른 것들을 시도할 기회가 많았습니다. 스스로 공부하고, 내가 잘하는 것과 잘하지 못하는 부분에 대해 교구민들이 제법 날카롭게 지적하면 그것을 수용하면서 배워왔습니다. 그 덕분에 교회와 면접을 볼 때 나 자신과 나의 재능, 사역의 형태와 상황에 접근하는 방식을 설명할 수 있었습니다. 교회에서 '저를 목사로 부르신다면, 이것은 제가 제공할 수 있고, 이것은 제가 시도하지 않을 것입니다'라고 말할 수 있습니다. 저는 목사로서 여러 방면에 능통하기도 하지만, 제가 잘하는 것과 그렇지 않은 것이 무엇인지를 잘 알고 있습니다."

마이클은 목사로서 한 말이지만, 이는 모든 구직자들에게도 적용되는 말이다. 자기 인식이 높은 사람들이 성공을 위한 준비를 잘하는 것처럼, 그들은 처음부터 자신에게 맞을지 안 맞을지 더 잘 안다.

삶에 대한 자기 인식

유니콘이 공통으로 가지는 12가지 특성과 마찬가지로, 자기 인식은 직장에서나 리더십뿐 아니라 삶에도 매우 중요하다. 조쉬 P.는 이렇게 말한다. "12가지 유니콘의 모든 특성들이 내 일과 삶에서 성공하는 데 도움이 되지만, 자기 인식은 정말 완전히 다른 차원입니다. 저는 종종 자신에게 이렇게 묻습니다. '나를 상사로 둔다면 어떨까?' 아니면 '나를 부하직원으로 둔다면 어떨까?' 그리고 '나와 결혼하는 것은 어떨까?'라고 말이죠."

스콧 W.는 자신의 약점을 아는 것이 자신의 사고와 행동 방식의 이유를 이해하고, 약점을 극복하는 데 도움이 된다고 말한다. "저는 어떤 결정을 내려야 할 때, 가급적 행동을 늦추는 경향이 있습니다. 당황해서 우왕좌왕하지 않으려고 가능한 많은 정보를 지나치게 수집하고 분석하는 편이죠"라고 그는 말한다. "제가 그런 성향이라는 것을 알기 때문에, 그 주제에 대해 완전히 알게 되었다고 느끼기 훨씬 전에 일단 행동으로 옮깁니다(이전 같으면 그 주제에 대해 지나치게 많은 것을 알아냈겠죠). 저는 심지어 그것이 고통스럽게 여겨질 때도 일단 행동으로 옮겨버립니다. 그 덕분에 저는 더 빨리 움직일 수 있었고, 실수하더라도 그것이 치명적이지 않다는 사실을 알게 되었어요. 좀 더 빨리 행동함으로써 얻을 수 있는 이점은 100퍼센트 편안함을 느끼지 못한다는 위험보다 훨씬 큽니다."

그리고 제프 H.는 자기 인식 덕분에 주변 사람들을 더 잘 이해할 수 있게 되었다고 말한다. "자신의 장단점을 인식하는 것뿐만 아니라 다른 사람들의 장단점 그리고 그 장점과 단점이 어디에서 어떻게 나타나는지를 이해하는 것이 자기 인식입니다"라고 그는 말한다. 자기 인식은 그의 직업적인 삶과 자원봉사자의 삶 양쪽에서 사랑의 문화를 만들었다. "수용은 성과에 기반을 두지 않습니다. 긍정은 대단한 일을 해냄으로써 생기기도 하지만, 작은 일에서 성공하고 인정받을 때도 생깁니다. 이는 또한 잘못된 것을 바로잡는 것이 수치스러운 일이 아니라 건전하면서도 변화를 이끌어낼 수 있다고 여기는 문화를 만듭니다."

나는 자기 인식에서 비롯되는 자아의 부재가 도전에 직면했을 때 더 나은 결과를 가져온다고 말했다. 마노이 J.는 설문 응답에서 바로 이 점을 강조했다. "자기 인식은 내가 무엇을 하는 경향이 있고, 왜 어떤 일을 특정한 방식으로 하는지에 대한 통찰력을 제공합니다. 이러한 인식 덕분에 나는 더욱 생산적으로 일하고, 어려운 상황에 긍정적으로 반응하며, 문제를 더욱 쉽게 해결할 수 있습니다."

재미있는 사실

시어도어 루스벨트 대통령은 이목을 끄는 성격으로, 대담한 행동과 독특한 개성으로 잘 알려져 있다. 그중에 긴 연설과 코안경은 그나마 평범한 편이다. 1912년 그가 위스콘신주 밀워키에서 막 연설을 하려고 했을 때 누군가 그를 향해 총을 쏴서 암살을 시도했다. 루스벨트는 뒤로 넘어졌지만 죽지는 않았다. 총알이 그의 가슴 주머니에 든 내용물을 맞혔던 것이다. 50쪽으로 접힌 다른 긴 연설문과 강철로 만든 코안경 케이스였다. 넘치는 자기 인식으로(그리고 아마도 과도한 아드레날린 덕분에), 루스벨트는 일어나서 먼지를 털더니 말했다. "수컷 무스(시어도어 루스벨트가 이끄는 혁신당의 상징이 큰 사슴이다.-옮긴이)를 죽이려면 그 이상이 필요하지."

우리가 하는 일

자기 인식이 마술을 부리듯이 하룻밤 사이에 나타나리라고 기대하지 마라. 완벽하게 하려면 평생이 걸린다. 다행히 자기 인식을 좀더 높이는 데는 한순간밖에 걸리지 않는다. 유니콘들이 그 방법을 보여준다.

겸손함을 유지하라; 인내하라

당신이 모르는 것을 알 수는 없다. 당신이 모든 것을 알 수는 없다는 점을 항상 염두에 두어라. 이럴 때는 겸손과 취약함이 필요하다.

대니얼 B.는 그것을 직설적으로 얘기한다. "자아 인식의 핵심은 취약성입니다."

다시 말하지만, 응답자들이 수백 개의 단어를 쓸 수 있는 개방형 설문조사에서 제이콥 B.는 대니얼 B.와 유사한 방침을 취했다.(둘은 친분이 전혀 없다.) "겸손은 자기 인식의 열쇠입니다."

많은 사람들은 어려운 과정을 통해 겸손을 배운다. 하지만 이러한 교훈은 더 오래 남아서 우리를 더 나은 사람으로 만든다. 마이클 L.은 이러한 사람들 중 한 명이다.

"사역을 시작한 초기에, 저는 나이 많고 은퇴하신 (덕망 있는) 목사님께 실수를 저질렀어요. 그의 말과 생각을 경청하지 않고 내 주장만을 고집했어요. 그가 저를 지지하는 것을 철회했을 때 저의 멘토는 고통스럽지만 유익한 조언과 비판을 해주었어요. 저는 그 나이든 목사님을 다시 찾아가서 저의 실수와 부족한 점을 인정한 다음 입을 다물고 경청했습니다."

당신이 부족하고 겸손하다는 것은 모든 것을 알지 못한다는 점을 스스로 인정하는 것이다. 이것은 좋은 일이다. 특히 자기 인식을 하는 사람은 항상 분위기를 파악하고 청중에게 맞추기 때문이다. 당신이 어떤 상황에서 받은 기내식이 다른 상황에서 받은 기내식만큼 좋지 않을 수도 있는 것처럼 말이다. 그럴 때라도 당신의 청중과 목적을 염두에 두고 겸손함을 유지하라. 이러한 것들은 피상적이긴 하지만 자기 인식을 발달시키는 데 중요하다.

그레고리 S.는 이렇게 말한다. "저는 상황에 따라 나의 강점이 약점이 될 수도 있다는 사실을 알고 있으며, 내가 누구와 이야기하고 있는지 또는 어떤 프로젝트를 진행하고 있는지 알아야 합니다."

나이가 들수록 자기 인식이 높아지기도 한다. 마크 C.는 이와 같이 설명한다. "저는 솔직히 시간과 나이가 도움이 되었다고 생각합니다. 항상 그렇지는 않았지만, 예순 살이 되자 나의 재능은 물론 한계를 인식할 수 있었고, 재능에는 감사를 드리고 한계에는 마음의 평화를 유지합니다."

다른 모든 방법으로 안 되면 인내심을 가져라. 자기 인식이 찾아올 것이다.

다른 사람을 믿고 요청하라

더 나은 자기 인식을 얻는 가장 빠른 방법은 가장 어려운 방법이기도 하다. 다른 사람을 믿고 자신의 맹점을 알려달라고 하는 것이다. 이것은 쉬운 일이 아니지만 그럴 가치가 있다.

모두가 제이슨 W.만큼 운이 좋은 것은 아니다. 그는 자기 인식을 높여줄 건설적인 피드백을 얻고자 다른 사람들에게 물어본 적이 없다. 그는 나이보다 현명한 아내 덕분에 자기 인식을 높일 수 있었다. "저는 어렸을 적에 '모든 것을 아는 체'하는 아이였어요. 내가 뭘 잘못하고 있는지 또는 그것을 할 수 있는 더 나은 방법이 있는지를 누구에게도 듣고 싶지 않았어요."(이것은 근거 없는 자신감으로 가득했던 서른한 살짜리 벼락출세자였던 나의 정곡을 찌르는 말이다.)

제이슨은 계속해서 말을 이었다. "감사하게도 아내는 온화하고 인내심이 있으며 내가 '성장하도록' 그리고 겸손해지도록 직접적인 도움을 주었어요."

당신을 사랑하고 당신의 성공을 위해 유익하고 진지한 피드백을 주는 사람들을 신뢰하라. 그리고 그들의 조언이 바닥나면 신뢰할 수 있는 친구들과 팀 동료들에게 의지하라.

스티브 W.는 당신이 알고 싶을 때 다음과 같이 질문하라고 말한다. "저는 가장 어렵지만 가장 유용한 질문 하나를 배웠습니다. '다른 사람들이 보기에 저는 어떤가요?' 저와 관련 있는 사람들에게 정기적으로 그런 질문을 할 때 (그리고 그들이 솔직하게 말해줄 때), 저는 스스로 깨닫지 못한 강점과 약점을 명확하게 알게 되었습니다."

그런 질문을 하기가 어렵겠지만 그럴 가치가 있다고 네이선 A.는 확신한다. "저는 책을 읽고 시험을 치르면서 많은 시간을 보냈지만, 자기 인식 능력을 높이는 데 가장 도움이 된 것은 사람들에게 피드백을 요청해서 주의 깊게 듣는 것이었어요. 방어적으로 되기 쉽지만, 내가 들은 내용에 관해 생각하고 처리하는 시간을 가진 것이 최고의 선생님이었습니다."

수전 D.는 "자신의 행동과 업무 습관에 대해 다른 사람들에게 물어보고 바로잡을 수 있는, 비평을 수용하는 능력"의 효능을 확신한다.

그녀는 이렇게 말한다. "저는 항상 직원들에게 '내가 무엇을 더 잘할 수 있을까요?'라고 묻습니다. 저는 항상 조언을 원해요. 자기 인식을 하는 법을 배우면 방어적인 태도(나이를 먹으면서 자연스레 생길 수 있는)를 없앨 수 있습니다. 저는 항상 더 나은 관리자, 동료, 친구, 부모가 되고 싶어요. 당신이 요청할수록 그것은 점점 더 쉬워집니다. 결국 자연스럽게 당신의 성격이 됩니다."

아드리안 S.는 점점 더 쉬워진다는 수전의 주장을 지지한다. "저는 피드백을 구하는 것을 일종의 삶의 리듬으로 만듭니다. 숨 쉬는 것처럼. 저는 먹을 것보다 피드백을 더 자주 찾아요."

먹을 것을 포기하고 피드백을 구하라는 게 아니다. 결국 인간은 피드백만으로는 살아가지 못하니까. 그렇지만 아드리안은 어려운 질문을 끊임없이 던짐으로써 유니콘이 될 수 있었다.

그녀는 또한 질문을 하고 피드백을 받는 훌륭한 기본 규칙을 갖고 있다.

▌아드리안 S.의 피드백 참여 규칙

- 당신은 자신 없는 듯한 모습을 내보이는 위험을 감수해야 한다.
- 당신이 묻는 이유를 확실히 밝혀라. 예를 들어 이렇게 말한다. "이렇게 피드백을 요청하는 것이 저의 운영 방식입니다. 저는 확신이 서지 않아요. 그저 당신이 어떻게 생각하는지 듣고 싶을 뿐입니다."
- 사람들에게 피드백을 제공해도 좋다는 점을 확실히 밝히고, 당신은 방어적인 태도를 취하지 않겠다고 확실히 알려주어라.
- 피드백을 제공하는 사람에게 당신이 항상 그들의 조언대로 행동하지는 않는다는 점을 확실히 말하라.
- 그러나 적어도 가끔은 그들의 조언을 바탕으로 바로잡아라.

당신의 한계와 밀어붙여야 할 때를 알라

자신의 한계를 아는 것은 자기 인식을 가지는 데 매우 중요하다. 직장 행사에서 축하의 의미로 마신 프로세코(이탈리아 와인의 일종-옮긴이) 한 잔이 위스키 5분의 1잔처럼 느껴진다면, 마시지 마라. 마찬가지로 당신이 마감 직전에 스트레스를 받는다면, 그에 맞춰 기대하는 것과 계획을 팀에게 알려주어라. 당신이 겸손하게 피드백을 요청한다면, 당신은 자신의 장단점을 빠르게 알아낼 것이다.

메건 C.는 자신의 장점을 아는 것의 이점을 스스로 깨달았다. "당신의 한계를 아는 것이 목표를 달성하는 가장 쉬우면서도 효과적인 방법입니다. 당신이 어떤 것을 할 수 있다고 과장되게 떠들면, 말했던 것과 다른 결과가 나왔을 때 당신과 당신의 팀은 타격을 입을 것입니다. 지나친 약속으로 다른 10가지 분야에 실패해서 정말로 잘하는 3가지 분야를 무색하게 만들기보다는, 3가지 분야를 약속하고 잘하는 것이 더 낫습니다. 당신이 잘하는 것으로 알려지고, 그것을 장기적으로 이끌어가세요."

아웃소싱이 필요하다는 사실을 깨달을 때가 자기 인식을 가장 잘 찾을 수 있는 때이기도 하다.

애런 C.는 말한다. "저는 피드백의 힘을 믿습니다. 변화를 만들 수 있는 분야에서 변화를 만들죠. 그러나 제가 변화를 이끌 수 없는 분야는 다른 사람들에게 위임해서 필요한 수준으로 개선할 수 있도록 힘을 실어줍니다."

로라 T.는 자신의 장점에 집중할 때를 알고 있다. "리더십 개발을 통해 나 자신에 대해 더 많이 알게 되면서, 장점을 극대화하기 위해서는 장점이 무엇인지를 알아야 한다는 사실을 깨달았어요. 또한 내가 더 약한 분야를 알아야 그 분야에 강한 다른 사람들을 찾아 팀을 꾸릴 수 있다는 것도 알았어요. 나 혼자 할 수 없는 것은 우리가 '공동의 관심으로 자기 인식'을 가져야 함께 헤쳐나갈 수 있습니다. 내가 약한 분야에서 성장하기 위해 애쓴 적도 있지만, 궁극적으로 내가 뛰어난 분야에 최선의 에너지를 쏟아부어야 한다는 사실을 잘 알고 있습니다."

어떤 것들은 그저 당신에게 맞지 않을 뿐이라는 사실을 더 많이 알게 될수록, 다른 사람들이 그것을 성공시키는 것을 더 많이 볼수록, 당신의 자기 인식을 더욱 강화시킬 수 있다.

리치 G.는 이러한 자기 이해가 조직을 효과적으로 운영하는 데 필수적이라고 말한다. "어릴 때 저는 '마음이 앞서'곤 했어요. 저는 정확하고 분별 있는 이 표현이 마음에 들어요. 물론 우리는 더 많이 할 수 있다고 생각하지만, 일단 나의 능력을 가감 없이 정확하게 알게 되자 더 정확하게 계획을 세울 수 있었어요. 당신은 항상 더 많은 것을 하라고 스스로를 다그칠 수는 있지만, 바라기만 해서는 계획을 세울 수 없습니다."

그렇다고 해서 우리의 한계를 규정해버리고 그 너머에 있는 것들은 다른 사람에게 의지해야 한다는 뜻이 아니다. 우리의 한계가 기준선이 되어야 한다. 당신이 5천 명의 사람들 앞에서 이야기하기를 원하지 않는다면, 그것은 괜찮다. 그렇지만 당신의 취약점을 극복해서 성장할 수 있다면 결국 성과를 올릴 것이다.

내가 이 글을 쓰고 있을 때는 1월 말이었고, 많은 팀원들이 다양한 새해 결심에 열을 올리고 있었다. 한 동료가 달리기를 다시 시작한 것을 보고 내가 처음 장거리 달리기를 했을 때가 기억났다. 처음에는 쉽지 않았지만 나는 한계를 알고 있었다. 아니, 적어도 그날의 한계는 알고 있었다. 매일 달리기를 하러 나갈 때마다 가로등 한 개 거리만큼 더 달리기 위해 노력했다. 인근 거리의 인도를 달리면서, 마지막으로 되돌아온 곳을 달리면서, 조금 더 달리려고 자신을 밀어붙이곤 했다.

자신의 한계를 알면 한계를 밀어붙이는 방법을 알게 된다. 그것은 유니콘이 점점 더 성장하는 방법이기도 하다. 나다니엘 P.는 이렇게 요약한다. "자기 인식을 하면 성장이라는 훌륭한 영역으로 들어가게 됩니다."

자기 인식은 평생에 걸친 여행이지만 그만한 가치가 있다는 사실을 잊지 마라. 행복은 자기 인식과 함께 온다. 뛰어난 스콧 M.은 다음과 같은 사실을 깨달았다. "저는 자신에 대해 배우는 힘든 과정을 거쳐야 했습니다. 그래서 내 삶을 더 잘 이끌 수 있게 되었을 뿐만 아니라 사랑하는 사람들과 삶을 더 즐길 수 있게 되었어요."

자기 인식이 높은 유니콘이 되기 위해 필요한 사항

• 자기 인식은 사회적 계약으로, 당신과 주변 사람들에게 이익이
된다.

• 자기 인식은 효율성, 더 나은 팀, 행복으로 이어진다.

• 겸손과 인내를 실천하고, 다른 사람들이 도와주리라는 것을 믿
고, 자신의 한계를 깨닫고, 자신이 성장하도록 밀어붙여라.

BE THE UNICORN

8장

호기심 많은 유니콘

The Curious

호기심 많은 유니콘

흥미롭게도 역사상 가장 성공한 사회사업가 중 한 명은 팬터마임으로 시작했다. 빌 로젠츠바이크[Bill Rosenzweig]는 대학에서 경험심리학에 매료되었다. "사람들의 정신과 관점을 바꿀 수 있는 것은 무엇일까? 사람들은 어떻게 색다른 경험을 하는 걸까?" 당시에는 그러한 전공이 없었기 때문에, 로젠츠바이크는 연극(팬터마임 포함)과 영화와 사업을 결합해서 자신만의 학습 과정을 만들었다. 이러한 질문이 그의 마음에서 결코 떠나지 않았다.

일본 찻집에서 차 문화와 가치에 푹 빠지는 색다른 경험을 한 후, 로젠츠바이크는 회사의 구조에 가치가 내재되어 있는 완전히 새로운 사업 모델을 연구하기 시작했다. "그 시점에, 저는 기업가라기보다 사업을 꿈꾸면서도 절대 실행에 옮기지 않는 사람에 더 가까웠어요"라고 말했다. 로젠츠바이크는 국토 횡단 비행에서, "바나나 공화국(해외 원조로 살아가는 가난한 나라-옮긴이)에서 온 것처럼" 보이는 남자 옆에 앉았다. 알고 보니, 그는 바나나 리퍼블릭의 설립자 멜 지글러[Mel Ziegler]였다. 음료 카트가 지나갈 때, 그들은 둘 다 차를 요청했고, 차맛이 좋지 않고 품질이 낮아서 둘 다 곧바로 실망했다. 로젠츠바이크는 두려움에도 불구하고 호기심에 못 이겨 이렇게 말했다. "우리 둘이 차 회사를 시작하는 건 어때요?" 두 사람은 헤어지고 나서 이 새로운 사업에 대해 서로에게 팩스를 보내기 시작했다. 호기심 많

은 신예 로젠츠바이크가 선승 같은 지글러에게 보낸 팩스 내용은 《더 리
퍼블릭 오브 티The Republic of Tea》라는 제목의 책으로 나왔고, 가치 기반 사
업을 시작하는 데 있어 일종의 마스터 클래스가 되었다. '더 리퍼블릭 오브
티'는 성공했다.(비밀은? 로젠츠바이크는 "더 나은 차를 마셔라"고 말한다.) 로젠츠바
이크는 여전히 호기심을 이용해 사람들이 더 나은 방향으로 한 모금씩 변
화하도록 돕는 프로젝트에 투자한다.

스티브 잡스는 "나의 호기심과 직관을 따라가다 우연히 발견한
것들이 나중에 알고 보니 값을 매길 수 없을 정도로 귀한 것으로 밝
혀졌습니다"라고 말한 적이 있다. 실제로 소크라테스부터 아인슈타
인에 이르기까지, 인류의 위대한 지성들은 호기심을 성공의 핵심
요인으로 꼽는다. 그러나 호기심을 갖기란 어렵다. 결국 우리는 굽
이마다 마실 마법의 물약과 타고 오를 토끼 굴을 제공받지 못하고
있다. 그리고 우리는 대체로 일상적인 일에 둘러싸여 있다. 한마디
로 지루하다. 우리가 그야말로 아무것도 없는 데서 호기심을 기를
수 있을까?

물론이다. 당신은 호기심을 강요받을 필요 없다. 스스로 호기심
을 키울 수 있다. 가장 따분한 것에서도 흥미를 찾고, 의문을 던지

고, 흥미롭게 답을 들을 수 있다. 이것이 유니콘들이 하는 일이다. 그 방법을 이제 보여주겠다.

우리가 알고 있는 것

"호기심이 없는 사람은 죽은 것과 다름없다"라고 주디 블룸^{Judy} ^{Blume}은 말한다. 그것은 사실이다. 인간은 본능적으로 호기심을 가질 수밖에 없다. 사실, 그것은 우리의 가장 좋은 점들 중 하나이다. 아시아에서 얼음 다리를 건너온 북미의 클로비스 사람들부터, 말 그대로 그저 우주에 무엇이 있는지 보기 위해 스스로 기꺼이 우주로 날아간 용감한 영혼들에 이르기까지, 호기심은 우리가 항상 가져왔고, 가지고 있는 것이다.

"아이가 태어났을 때 엄마가 요정 대모에게 가장 유용한 선물을 달라고 부탁할 수 있다면 그것은 호기심일 것입니다"라고 엘리너 루스벨트는 썼다. 그녀의 말이 맞다. 호기심은 유니콘의 12가지 특성 중에 가장 유용한 선물이다. 그러나 우리 모두는 호기심을 가지고 태어나기 때문에 요정 대모는 필요없다. 유니콘의 특성들 중 상당수가 시간이 흐르면서 학습되는 반면, 호기심은 일종의 본성으로 타고나는 것이다.

호기심은 무엇이 세상을 움직이는지를 알게 해준다

과학은 행동하는 호기심이다. 코페르니쿠스는 지구가 태양 주위를 도는 것이 맞는지 호기심을 가졌고, 결국 태양중심설(지동설)을 생각해냈다. 알렉산더 플레밍은 배양 접시에 있는 박테리아를 죽인 곰팡이에 대해 호기심을 가졌고 페니실린을 발견했다. 레이첼 카슨은 DDT가 환경에 미치는 영향을 의심했고 결국 《침묵의 봄Silent Spring》(살충제나 살균제 등의 남용이 생태학적 위기를 초래해 새소리를 들을 수 없다고 경고한 책-옮긴이)을 써서 현대적인 자연보호 운동을 시작했다. 이런 예는 얼마든지 많다.

과학은 명확한 것이다. 과학과 호기심이 짝을 이뤄 인류의 모든 발전을 이끌었지만, 과학적 발견에서만 호기심이 발현되는 것은 아니다. 호기심은 누군가에게 진정으로 관심을 갖거나, 자연 채널 프로그램에 몰두하거나, 이미 잠든 아이의 숙제에 푹 빠진 나머지 중세 초기 유럽의 요새에서 입구의 내리닫이 쇠창살문에 대해 깊이 파고드는 것을 말한다. 그것은 단지 과학만이 아니다. 호기심은 주변을 둘러보고 우리의 뇌가 사로잡히는 것이다.

호기심은 자신을 강화하고 정신 건강에도 좋다

궁금해하던 것에 대한 해답을 찾아내면 왜 그렇게 기분이 좋은지 알고 있는가? 도파민 때문이다. 뇌는 실제로 우리가 호기심을 갖고 사물의 '왜'를 알아낸 것에 대한 보상을 해준다. 비너클 리스트

binnacle list(항해에서 건강상의 이유로 작업에서 제외된 승무원 명단으로 나침반이 있는 비너클에 게시되었다.-옮긴이)나 종아리 부분이 좁은 니커보커 바지의 유래를 찾아보고는 쾌감을 느끼는 것이 바로 도파민 때문이다. 그러니 누가 그런 스릴을 다시 맛보고 싶지 않겠는가?

뇌가 이런 식으로 호기심에 의해 지식을 습득하면 어떤 종류의 지식이 입력되었는지 기억할 가능성이 더 높다. 이러한 발견 덕분에 교사는 학생들에게 자신들이 흥미를 느끼는 것을 따르라고 권한다. 4학년 수업의 언어 과목에서 위인전기를 배울 때도 선생님은 아이들에게 자신이 흥미를 느끼는 사람을 연구하라고 권장한다. 호기심을 느끼는 과목일수록 더 많이 배우고 더 오래 기억한다.

호기심이 정신 건강에 좋다는 연구 결과도 있다. 예를 들어 호기심을 느끼고 발견했을 때 뇌가 느끼는 기쁨에는 불안이 끼어들지 못한다. 사실 그 이상이다. 자신이 아닌 어떤 것에 호기심을 갖는 단순한 행동만으로 더 나은 정신 상태가 될 수 있다. 불안하거나 어려운 시기를 보내고 있을지도 모르는 친구나 사랑하는 사람의 안부를 묻는 것은 불안감을 해소하고 호기심을 충족했을 때 나오는 도파민을 증가시키기에 충분하다.

물론 호기심을 가지기가 쉽지만은 않다. 살다 보면 방해를 받는다. 그것도 심하게. 그렇지만 되도록이면 작가인 클라리사 핀콜라 에스테스Clarissa Pinkola Estés의 조언을 따르는 것이 좋다. "당신의 직관, 내면의 목소리를 듣는 연습을 하세요. 질문을 하세요. 궁금해하세요. 당신이 보는 것을 보세요. 당신이 듣는 것을 들으세요. 이러한 직관의 힘은 태어날 때부터 주어진 것이니까요."

재미있는 사실

러디어드 키플링은 일생 동안 자신만의 탐험을 하면서 호기심을 유지했다. 그는 인도에서 태어났고 미국과 영국은 물론 일본과 여러 아시아 지역을 광범위하게 여행했다. 그는 대다수의 사람들보다 더 많은 기회와 특권을 가졌고, 때로는 동시대의 식민주의 신념 체계를 나타내기도 했다. 키플링은 결코 완벽한 사람은 아니었지만, 세상을 보여주는 방식에 대해 영감을 준다.

채용 담당자들이 호기심 많은 사람을 선호하는 이유

지원자가 호기심을 가진다는 것은 당신 회사와 진정한 교류 그리고 연봉 이상의 관심이 있다는 뜻이다. 호기심은 지원자가 자신의 위치에서도 기꺼이 배우고 성장할 의지가 있는지를 예측하는 좋은 방법이다.

직장에서 호기심을 함양하는 요령

• 특정 주제나 기술에 대해 더 알고 싶어 하는 팀원에게 시간과 예산을 제공하라.

• 도전 과제에 맞닥뜨리면 해결책을 내놓기 전에 질문하는 연습을 하라.

• 팀에게 점심 식사 및 기타 경험들을 제안하여 개인적으로 팀원들을 알아가는 시간을 가져라.

우리가 경험한 것

우리 모두는 호기심을 갖고 태어난다. 호기심은 무언가를 얻을 수 있는 최고의 기반이다. 그러나 성장하고, 더 많이 배우고, 호기심을 옆으로 밀어내면서부터 고군분투가 시작된다. 어린 시절의 경이로움과 발견의 기쁨을 얻기는 쉽다. 다만 그것을 유지하기가 어렵다.

당신이 조금이라도 관심 있다면 상대가 호기심을 유지하고 있는지, 아니면 지루하고 따분한 일상 속에서 호기심을 잃었는지를 꽤 빨리 구별할 수 있다.

호기심 많은 사람들은 다른 사람들보다 밝게 빛난다

휴스턴 제1 장로교회에서 담임목사로 있을 때 우리 신도들 중 한 명이 로이드 벤슨 상원의원이었다. 그는 클린턴 대통령 임기 때 재무부 장관을 지냈다. 벤슨 상원의원이 유명을 달리했을 때, 나는 장례식을 거행해달라는 요청을 받았다. 내가 말하기 직전에 가족들이 누가 추도사를 해줄 수 있는지 물었다. 그리고 공식 석상에서 했던 연설 중 가장 부담스러웠던 것으로, 나는 결국 클린턴 대통령의 추도사 뒤에 연설해야 했다.

장례식 전에 우리는 가족과 가까운 동료들을 위해 무덤 옆에서 간소하게나마 개인적으로 예배를 드렸다. 가족, 친구, 워싱턴에서

오는 동료들이 방문할 주요 장례식 전에 일정을 잡은 것이었다. 그러나 공교롭게도 하늘에 구멍이라도 뚫린 듯이 비가 억수같이 쏟아졌다. 우리 모두는 다시 교회로 들어가서 본 장례식 전에 열리는 대규모 피로연에 참석해야 했다. 나는 클린턴 대통령이 모든 군중을 만나야 하는 보안상의 위험을 피하기 위해 그에게 장례식이 시작될 때까지 나와 함께 내 사무실에 앉아 있어도 괜찮은지 물었다. 결국 우리는 꽤 오랜 시간 함께 있었다.

우리가 사무실에 도착했을 때, 나는 클린턴 대통령에게 그 자신에 대해 질문하려고 했다. 대부분의 사람들이 그렇듯이, 그도 자신에 대해 얘기하고 싶어 할 거라고 생각했다. 그러나 그는 대부분의 성공한 사람들처럼 상대방인 나에 관한 이야기를 하려고 했다.

내가 클린턴 대통령에게 본인에 관한 질문을 하려는 찰나, 그는 내 책상 위에 있는 안내 책자를 가리키며 물었다. "그리스 여행을 생각하고 있나요? 그렇다면 그리스정교회에서 일하는 내 친구를 꼭 만나보세요."

나는 웃으며 이렇게 대답하고 싶은 유혹을 느꼈다. "그럼요, 대통령님, 제가 그의 연락처를 검색해보겠습니다."

나는 화제를 바꿔서 그가 손목에 차고 있는 실로 엮은 팔찌에 대해 물었다. 나는 그것이 무엇인지 안다고 말했다. 그는 자원이 부족한 나라의 아이들에게서 알게 되었다고 말하면서 나에게 그것을 어떻게 아느냐고 물었다. 나는 그 지역에서 구호 활동을 하고 있는 사

람들을 몇 명 알고 있다고 말했다. 그러자 그는 다시 그곳에 있는
자기 친구를 만나봐야 한다고 말했다.

내가 아무리 대화를 그의 위주로 돌리려고 해도, 그는 항상 능숙
하게 화제를 내 쪽으로 돌렸다. 마치 내가 그 방에 있는 유일한 사
람인 것처럼 느끼게 만들었다. 그리고 사람이 어떻게 정치적으로
설득되는가는 관계없이, 왜 사람들이 그에게 투표했는지는 잘 알
것 같은 심정으로 사무실을 나왔다.

호기심을 갖는 것이 도움이 되는 이유

농구 감독 필 잭슨은 코치를 잘하는 비결에 대해 "저는 듣습니
다"라고 간단하게 말했다. 스스로를 가장 똑똑하고 가장 강하며 최
고라고 홍보하기 위해서라면 무엇이든 할 수 있는 사람들이 모인
세상에서는, 다른 사람의 말을 경청하려고 애쓰는 사람들이 거의
없다. 하지만 경청은 뛰어난 기술들 중에서도 필수이다.

설문 응답자들 중 7.5퍼센트는 호기심이 아주 많다고 밝혔다. 그
들은 클린턴 대통령처럼 질문하고, 잭슨 감독처럼 경청한다. 그리
고 대부분의 유니콘들처럼 성공한다.

호기심은 첫발을 내딛게 하고 더 멀리 데려간다

요즘의 면접 추세는 지원자에게 그들이 읽거나 본 것, 간단히 말
해서 흥미를 갖고 있는 것에 관해 질문하는 것이다. 나는 이것이 훌

륭한 전략이라고 생각하며, 호기심 많은 맥스 W.는 이러한 질문을 깊이 신뢰한다. "건강하고 생기 넘치는 호기심을 지닌 사람들은 자신이 현재 흥미를 가지고 있는 것에 대해 술술 이야기할 수 있어요"라고 그는 말한다. "그것이 무엇인지는 중요하지 않아요. 다만 호기심을 갖고 있다는 사실이 중요하죠. 저는 그들이 최고의 팀원이자 가장 생산적인 직원을 만든다는 것을 알아냈습니다."

우리의 친구 앨리사는 마케팅 전문가로 입문했던 시절에 대해 이야기한 적이 있다. 그녀는 교외에 있는 작은 대행사에서 일했다. 호기심 많은 사람들과 정반대인 사람들이 운영하는 곳이었다. 반호기심주의자랄까. 아직 젊고 경험이 부족했던 그녀는 존경받을 자격이 없는 그들을 지나치게 존중했다.

"저는 제대로 일하고 싶었는데, 많은 지침을 받지 못했어요"라고 그녀는 말했다. "그래서 저는 질문을 했어요. 분명히 많은 질문을 했습니다. 어쨌든 그들에게는 너무 많은 질문이었죠. 저는 항상 그들의 시간을 고려하려고 노력했기 때문에, 제 상사가 바쁘지 않을 때 사무실에 고개를 내밀고 간단한 질문을 해도 되냐고 물었습니다. 저는 제가 적절하게 일하고 있다고 생각했어요. 하지만 어느 날 내 페이스북에서 퍼온 내 사진들로 사무실 전체가 도배되어 있는 거예요. 내 머리 위로 다음과 같은 말풍선이 떠올랐어요. '흠, 간단한 질문!' 전날 밤 제가 퇴근하고 나서 상사가 해놓은 것이었죠. 그녀는 그것이 재미있다고 생각했나 봐요. 저는 수치심을 느꼈어요.

회사 사장님도 그 자리에 있었어요. 제가 울음을 참느라 얼굴이 일 그러지며 당황한 표정을 짓는 걸 사장님도 봤죠. 그런데도 그는 나한테 웃어도 된다고 말했습니다. 그는 웃기다고 말하더군요. 저는 그때 이곳은 내가 있을 자리가 아니고, 이 사람들은 내 사람들이 아니라는 사실을 깨달았어요."

그러나 가끔 나와 비슷한 사람들을 만나 호기심을 느끼게 되는데, 이때의 질문은 당신의 장점과 발전하고자 열망을 나타낸다. 에밀리 M.은 미 해군에서 앨리사가 중서부 마케팅 대행사에서 경험한 것보다 훨씬 더 많은 친절과 지원을 받았다.

에밀리 M.은 이렇게 말한다. "미 해군에서 새로운 직책을 맡은 고위 지휘관으로서, 저는 효율적으로 임무를 수행하려면, 그리고 동료들의 지식 수준과 역량에 도달하려면 배워야 할 것이 많다는 사실을 깨달았습니다. 저는 언제나 모든 것에 대해 질문했습니다. 제 상사가 어느 날 빙그레 웃더니 '직업적인 호기심이 지속되는 상태'에 있다고 했습니다. 그가 내 질문들에 짜증을 낼지도 모른다고 생각했지만, 그는 그렇게 하지 않았고, 이것은 실제로 성공과 지속적인 성장의 중대한 특성이라고 단언했습니다."

맥스 W.는 호기심 덕분에 조직을 번창시킬 수 있는 사람들을 찾았다. "제가 연구하고 있던 것과 거의 같은 결론을 내리고 있는 한 무리의 동료들을 발견했습니다. 우리는 서로의 정보를 얻기 시작했고, 정말 멋지고 혁신적인 리더십 모델들도 등장했습니다. 저는 그 모든 정보를 주고받는 과정과 그러한 정보를 적용함으로써 이익을 얻었을 뿐만 아니라, 호기심을 따르면 어디로 이를 수 있는지 알게 되었습니다. 저는 호기심을 따르는 것이 시간 낭비와 같다는 사례를 단 한 가지도 생각해낼 수 없습니다."

호기심은 당신을 겸손하게 한다

에밀리 M.은 호기심 덕분에 겸손할 수 있고, 다른 사람들의 인간성을 엿볼 수 있다고 했다. "그들을 짜증스럽거나 장애물로 보지 않고 호기심을 사용해서 그들의 필요와 목표와 도전을 알아내는 것입니다. 그것은 정말 효과적이에요. 호기심을 지렛대 삼아 일종의 초능력으로 사용하는 법을 배웠거든요. 직업적으로든 개인적으로든, 그것이 필요한 리더십 특성이라는 것을 알았습니다."

트래비스 M.은 사람들에게 다가가는 이러한 호기심이 당신을 더 나은 리더로 만든다고 말한다. "우리는 끊임없이 다른 사람들에게 배우는데, 그렇게 하기 위한 한 가지 방법은 호기심을 갖는 것입니다. 비록 당신이 누군가의 의견에 동의하지 않는다 해도, 당신은 그들이 무엇을 왜 믿는지 궁금할 수 있습니다. 호기심이 항상 고양이를 죽이는 것은 아니기 때문에 호기심은 포용될 필요가 있습니다. 사실 호기심은 종종 공감과 겸손을 낳는데 이것은 훌륭한 리더의 특성이기도 합니다."

팀 S.는 호기심을 활용하려고 노력한다. "저는 호기심을 활용할 수 있고, 연습하면 얻을 수 있는 기술이라고 믿습니다. 저는 더 나은 방식으로 사람들의 말을 경청하기 위해 호기심을 활용했습니다. 단순히 누군가가 특정한 견해를 가진다는 의미가 아닙니다. 당신은 그들이 왜 그러한 견해를 가지고 있는지 물어야 합니다. '어떤 경험으로 그렇게 생각하게 되었는가? 그들은 내가 알지 못하는 어떤 스트레스를 받고 있는가?' 이러한 질문을 하면 전에는 알지 못했던 것들을 알아차리고 덜 방어적이고 덜 전투적이 됩니다."

다른 12가지 특성과 마찬가지로 겸손은 유니콘들의 내면에 자리잡고 있다. 겸손은 유니콘들이 더 나은 인간성을 가지고 더 공감할 수 있는 사람이 되는 데 중요한 역할을 한다.

호기심형 유니콘 - 트레버 노아^{TREVOR NOAH}

노아는 〈더 데일리 쇼^{The Daily Show}〉의 전 진행자이다. 7년 동안 그 쇼를 진행하는 것만으로 바쁜데도 자신의 첫사랑이라고 할 수 있는 스탠드업 코미디를 했다. 그는 '믿을 수 없을 정도의 관찰자'라는 격찬을 받아왔는데, 자신의 코미디뿐 아니라 인터뷰에서도 예리함을 발휘한다. 노아의 눈은 속일 수가 없다. 그는 타고난 호기심과 영감으로 사람들이 자신들의 견해 너머를 볼 수 있도록 돕는다.

우리가 하는 일

알버트 아인슈타인은 호기심의 전형과도 같은 인물로, 1955년 〈라이프〉지에 "중요한 것은 질문을 멈추지 않는 것입니다. 영원의 신비, 생명의 신비, 현실의 경이로운 구조를 곰곰이 생각하다 보면 경외감을 느끼지 않을 수 없습니다. 이러한 신비로움을 매일 조금씩만 이해하려고 노력해도 충분합니다"라고 말했다.

나는 우아한 방식으로 호기심을 표현하지는 않지만, 원래 호기심이 많은 사람이다. 더구나 운 좋게도 호기심을 한껏 발휘할 수 있었다. 가장 최근에는 뉴질랜드로 와인컨트리 여행을 한 후 영감을 받아 와인에 대해 더 배우기로 결정하고 소믈리에 수업을 듣고 있다. "호크스 베이Hawke's Bay(뉴질랜드에서 두 번째로 큰 와인 생산지-옮긴이)에서 사람을 데리고 나올 수는 있지만, 그 사람에게서 호크스 베이를 빼앗을 수는 없다"는 말이 있다.

꾸준히 정보를 구하라

유니콘은 의도적으로 꾸준히 정보를 얻는다. 보 W.는 이렇게 말한다. "저는 일주일에 최소한 책 한 권은 읽고, 두 권을 읽을 때도 많습니다. 여기에 더해서 다른 나라의 신문이나 잡지 기사 그리고 리더들을 위한 논픽션 서적들을 요약한 앱을 봅니다. 장문과 단문의 독서뿐만 아니라 미국 밖에서 얻는 정보 역시 사물이나 현상을 다양한 각도에서 보는 데 도움이 됩니다. 그리고 영화나 텔레비전 프로그램들을 보지만, 필요한 프로그램이 끝나면 텔레비전을 끄죠. 그래서 주중에도 계획된 프로그램을 볼 뿐, '멍 때리기' 위해 보지는 않습니다."

호기심은 스펙테이터 스포츠(야구, 풋볼, 자동차경주 등 다수의 관중이 구경하는 스포츠-옮긴이)가 아니라고 셰인 R.은 말한다. "호기심을 가지려면 정보를 얻는 데 시간을 할애해야 합니다. 이를 위해 저는 명확하고 정확하며 유익한 데이터를 제공하는 AI 피드를 사용해 임원 브리핑으로 하루를 시작합니다. 거기서부터, 무엇이 적절하고 중요하며 어떤 조치가 요구될지 추정할 수 있습니다. 호기심을 유지하는 것은 어떤 상태가 아니라 행동입니다."

파멜라 L.은 꾸준히 정보를 얻는다는 것은 내면을 들여다보고 정곡을 찌르는 사안들을 더 깊이 파고드는 것이라고 지적한다. 그녀는 이렇게 말한다. "딜레마나 결정 또는 방해물에 직면했을 때 마음한구석에 스멀스멀 피어오르는 의문점에 좀 더 주의를 기울여야 합니다. 의문점을 적은 다음 여러 가지 방식으로 물어보세요. 리더들은 판도라의 상자를 열기가 두려워서 깊숙한 곳에 있는 바로 그 의문점을 무시하는 경우가 많습니다. 그 상자를 열어, 진실하고 창의적인 해결책을 찾으세요."

겸손함을 유지하라

겸손은 당신의 친구이다. 호기심을 가지려면 자기 인식을 높이는 것과 같이 겸손이 필요하다. 당신이 모든 것을 알 수는 없다는 사실을 기억하라. 그에 따라 진행하면 된다.

셰인 R.은 이렇게 말한다. "호기심을 가지려면 겸손해야 합니다. 새로운 생각과 개념과 아이디어를 배우기 위해서는 겸손해야 해요. 저는 다른 사람들이 어떻게 성공하고 그들의 생산성을 어떻게 관리하는지 끊임없이 알고 싶어요. 그들이 사용하는 도구와 접근 방식과 시스템은 무엇일까? 조직적이면서도 개인적인 성공을 이루기 위해 노력하는 모든 사람들이 그 여정에서 꾸준히 겸손하고자 애쓰기를 바랍니다."

딜런 O.는 다음과 같이 주의를 준다. "자신의 의견이나 조치 또는 연구나 전망을 너무 확신하지 마세요. 사람과 사물을 더 깊이 이해하기 위해 판단을 보류하고 인내심을 갖고, 무작정 파고들지 말고 주의 깊게 바라보세요. 차이점을 이해하고 그것들을 고치려고 노력하세요. 상황이 당신에게 더 유리해질 뿐만 아니라, 당신은 진정한 아름다움과 더욱 충만한 진실을 발견하게 될 겁니다."

어떤 사람들은 겸손을 배우고 어떤 사람들은 겸손을 강요받는다. 사라 F.는 말한다. "대학원 생활은 사람을 겸손하게 만드는 경험이었어요. 하지만 제가 진실과 경험을 독점한 것이 아니라는 사실을 깨닫자, 다른 사람들에게 호기심 어린 관심을 갖는 것이 혁신만큼이나 대화를 촉진한다는 것을 알았어요. 모든 사람들은 남에게 줄 무언가를 갖고 있습니다."

묻고 경청하라

호기심의 모든 것은 질문하기와 경청하기로 귀결될 수 있다. 호기심을 최고의 강점으로 여기는 유니콘들의 7.8퍼센트 중에서 거의 90퍼센트가 '경청하기'를 언급했다.

어떤 사람에 관해 어떤 질문이라도 해보라. 지루한 사람은 없다는 사실을 알게 될 것이다. 당신이 배울 수 없는 상황은 없다. 영국의 신문 칼럼니스트 케이틀린 모란^{Caitlin Moran}은 다음과 같은 조언을 한다. "대화를 하면서 할 말이 생각나지 않을 때마다 질문을 하세요. 당신이 1970년대 이전의 나사와 볼트를 수집하는 남자 옆에 있다 하더라도, 그에 관해 그렇게 많이 알아낼 기회는 아마 절대 없을 것이고, 그 지식이 언제 쓸모가 있을지는 알 수 없을 테니까요."

이러한 철학은 호기심을 유지하는 훌륭한 방법이다. 유니콘은 적절한 질문을 하고 목적을 갖고 경청하라고 말한다.

줄리아나 C.는 다음과 같이 말한다. "적극적인 경청은 제가 30대에 대학 과정을 밟을 때 발견한 도구였어요. 경청에 타고난 호기심이 결합되어 저는 많은 질문을 했어요. 대체로 다른 사람들이 물어볼 생각조차 하지 못하는 질문들을요. 그렇지만 좋은 질문을 하려면 연습이 필요했고, 저는 발전하기 위해 다양한 연습과 기회를 사용했어요. 호기심은 발전시킬 가치가 있는 기술입니다. 호기심을 유지하고 좋은 질문을 하고 적극적으로 다른 사람들의 말을 경청하는 능력을 기르세요. 그리고 연습하는 것을 잊지 마세요."

"경청하세요. 그냥 흘려듣지 말고요"라고 리사 C.는 강조한다. "저는 일보다 사람이 훨씬 더 중요하다는 사실을 깨닫는 데 몇 년이 걸렸어요. 자신의 말을 들어주길 바라고 확언받기를 바라는 사람들과 시간을 (비록 골치 아프고 불편한 시간이라고 해도) 보내세요. 이미 정해진 답을 갖고 있거나 '해결사'의 입장으로 듣지 마세요."

호기심은 배려하는 것이라고 토냐 B.는 말한다. "다른 사람들을 먼저 배려하고 그들에 관해 묻는 연습을 하세요."

리사 S.는 이렇게 말한다. "말하는 대신 경청하세요. 의견을 말하는 대신 질문하세요. 이유를 많이 물어보세요. 모든 사람들은 자신만의 이야기를 갖고 있어요. 저는 그것을 듣고 싶어요."

호기심 많은 유니콘이 되기 위해 필요한 사항

- 다른 사람에 관해 호기심을 갖는 것은 사업뿐 아니라 당신의 뇌에도 좋다.
- 호기심은 겸손과 해결책을 낳는다.
- 당신이 사랑하는 것을 찾고 더 많이 배워라. 비록 그것이 개인적인 즐거움만을 위한 것이라도.
- 질문하고 경청하라.

BE THE

9장

연결하는 유니콘

The Connected

UNICORN

연결하는 유니콘

"어떤 분야에서든, 특히 사업적 성공은 사람들과 함께 일하는 것이지 사람들을 배척하는 것이 아닙니다"라고 키이스 페라지^{Keith Ferrazzi}는 말한다. 베스트셀러 작가이자 기업가인 그는 세상 사람들이 연결의 힘을 깨닫는 데 도움을 준다. 이것은 개인의 성공뿐만 아니라 모든 사람들이 더 나은 삶을 살아가기 위해서다. 철강 산업이 쇠락하고 있을 당시, 피츠버그 철강 노동자의 아들이었던 페라지는 아버지의 경험과 상사의 행동 사이의 괴리를 보았다. 그의 아버지는 회사를 호전시키는 데 도움을 줄 수 있는 아이디어를 갖고 있었지만, 경영진은 노동자들과 대화를 나누지 않았다. 그날 밤 저녁 식탁에 둘러앉았을 때 페라지는 자신들과 같은 가족들을 돕는 데 자신의 삶을 헌신하기로 결심했다. 그는 성장하면서 연결을 통해 일자리를 구하는 것을 도울 수 있음을 발견했다. 더 많은 팀들이 진정으로 기능을 발휘한다면, 사람과 기업은 번창할 것이다.

페라지는 현재의 위치에 도달하기까지 좋은 인연들을 맺었다. 그의 부모님은 부유하지 않았지만, 자식을 교육하는 데 헌신했다. 페라지는 학교가 그에게 제공한 모든 기회를 활용했다. 그는 교수들과 진정한 인연을 맺었다. 그는 딜로이트에서 열심히 일했으며 인턴십을 시작했다. 그는 딜로이트의 CEO에게 추가 프로젝트를 맡겠다고 요청하는 것을 포함해서, 자신이 찾을 수 있는 모든 기회 이상을 잡았다. 경영대학원을 졸업한 지 3년 만에, 페라지는 회사의 CMO(최고마케팅책임자)가 되었다. 그 과정에서 다양한 사람들과 의미 있는 관계를 맺음으로써, 자신이 항상 실천해온 '연결하기'를 성공적으로 전파할 수 있었다.

대부분의 사람들은 1993년 개봉한 마이클 J. 폭스의 영화 〈사랑 게임For Love or Money〉을 보지 못했다. 지금까지도 그 영화를 기억하는 사람들 중에 소수만이 이 영화가 연결에 관한 것임을 알고 있다. 마이클 J. 폭스가 연기한 주인공 더그는 뉴욕의 고급 호텔에서 컨시어지로 일한다. 비록 더그는 추진력이 강하고, 단호하며, 도덕적으로 엄격한 편이지만, 상냥한 마음을 갖고 있었다. 영화 내내 언젠가 자신만의 호텔을 여는 꿈을 꾸는 더그는, 손님들을 위해 다양한 술책으로 일을 마법같이 처리한다. 마치 항상 그들이 필요로 할 때와 필요로 하는 것을 아는 것처럼 보인다. 그는 티파니에서 판매원으로 일하는 여성들과 이름을 부를 정도로 친하게 지내며, 중서부 주부들이 간절히 바라는 미용사의 예약을 잡아주고, 레인보우 룸(맨해튼 미드타운 록펠러 플라자에 위치한 전용 이벤트 공간-옮긴이)에 있는 VIP 좌석도 마음대로 이용할 수 있다. 그리고 더그가 자신만의 호텔을 가질 가능성이 화염 속에 완전히 사라진 것처럼 보일 때, 그가 결코 보답을 바라지 않고 사람들에게 베풀었던 친절 덕분에 그날 무사할 수 있었다.

간단히 말해서, 당신이 이미 알고 있는 사람들에 관한 것이다. 특히 출세하는 데는 인맥이 무엇보다 중요하다. 그러나 특별한 사람과 특별한 상황에서만 인맥을 쌓을 수 있다고 여기지 말고, 인맥은 어디에서든 쌓을 수 있다고 생각하라. 연결이라는 것은 강력하고 영향력 있는 사람들과 접촉하는 것만을 말하는 게 아니다. 자신의 삶이 어디로 이어질지 모르기 때문에 모든 사람들에게 좋은 사람이 되어야 한다.

우리가 알고 있는 것

모든 위대한 성공 이야기의 이면에는 알맞은 시간에 적절한 장소라는 행운의 요소가 있다. 하지만 그보다는 누가 우연히 그곳에 있는지가 훨씬 더 중요하다. 마침 알맞은 때에 연결된 사람들의 사례가 많이 있다. 해리슨 포드는 〈스타워즈〉 오디션에 희망을 품고 온 배우들과 대사를 맞춰주는 일을 하다가 한 솔로^{Han Solo}라는 역을 맡았다.

앤 설리번은 연결 덕분에 살아갈 수 있었다. 어릴 때부터 시력이

나빠 고통받아 왔던 그녀는 할 수 있을 때 기회를 잡았다. 한 조사관이 그녀가 살던 가혹한 구빈원이자 고아원을 조사하러 왔을 때, 그녀는 기회를 포착해 자신을 퍼킨스 맹인 학교에 보내달라고 간청했다. 몇 달 후, 그녀의 바람은 이루어졌다. 그곳에서 그녀는 학급의 졸업생 대표가 되었다. 얼마 지나지 않아 학교는 그녀에게 일곱 살짜리 헬렌 켈러를 개인 교습하는 일자리를 제안했다.

그리고 내가 가장 좋아하는 사람들 중 하나인 모세가 있다. 이것은 당신 주위에 있는 사람들이 얼마나 중요한지를 보여주는 이야기다. 바구니 속에 담긴 그를 발견한 이집트 공주부터 그의 어머니를 보모로 추천한 그의 누나, 그리고 하느님에 이르기까지. 모세가 나일 강변에 있던 그저 아무에게나 발견되었거나 하느님이 그를 연결자로서 힘을 부여하지 않았다면, 모세 이야기는 오늘날까지 전해지지 않았을 것이다.

제 몫을 하다

전문가들은 75~80퍼센트의 일자리들이 개인 또는 직업적인 연결 덕분에 얻어진다고 추정한다. 네트워킹이 그 어느 때보다 중요하다. 어느 대도시에나 있는 소호 하우스(부유하고 인맥이 많은 사람들이 모이는 장소-옮긴이)의 고급스러운 분위기와 같은 맥락이다. 이곳에 부유하고 인맥이 많은 사람들이 모여서 그들은 더 부유해지고 더 많은 인맥을 쌓는다. 자본주의가 존재한 이래로 다른 기관들도 비숫하다.

계층 이동(그리고 계층 이동의 부족)은 많은 고전소설의 기본 주제이다. 찰스 디킨스와 토머스 하디부터 톨스토이와 도스토옙스키에 이르기까지, 이러한 작가들은 유복한 집안에서 태어나지 않으면 부자가 되기가 얼마나 어려운지 이야기한다. 하인에게는 하인 부모가 있고 그 아이들도 하인이 될 것이라고 말이다. 부자들은 부를 유지한다. 한 인물이 계층 밖의 누군가와 의미 있는 관계를 맺는 일은 거의 없지만, 그런 일이 생기면 대체로 한 인물이 생의 전환점을 맞이하게 된다. 가난했던 사람이 느닷없이 더 나은 삶을 살 수 있는 기회를 얻는 것이다.

다행히 세상은 조금 더 개방되었고, 물론 여전히 인맥이 좋은 가정에서 태어나는 것이 좋다고 여기지만, 예전만큼 기울어진 운동장은 아니다. 우리는 이것을 인터넷 덕분이라고 생각한다. 연결을 원하는 사람들은 바로 다양한 플랫폼을 통해 연결할 수 있다. 링크드인은 누가 좋은 연결고리가 될 수 있을지 알려줄 뿐만 아니라, 우리가 어떤 공통점을 갖고 있는지도 알려준다. 신뢰의 층이 내재되어 있으므로, 버튼만 클릭하면 연결된다. 여전히 '누구를 알고 있느냐'가 중요한 세상이지만, 이제 좀 더 많은 사람들이 결코 만날 수 없었던 사람들과 연결될 수 있다.

그러나 사람들을 아는 것만으로는 충분하지 않다. 같은 공간에 있거나 모든 소셜 플랫폼에서 '친구'가 될 수 있지만, 인간적으로 연결할 수 없다면 소용없을 것이다. 기회조차 가질 수 없는 아이들이 인간적인 연결을 맺을 수 있는 프로그램들이 있다. AVID^{Advancement Via Individual Determination}는 많은 공립 고등학교에서 잠재력 있는 1세대 대학생들을 찾는 프로그램이다. 그들에게 추가 지원을 제공하고 많은 기회를 얻을 수 있는 인생 기술을 가르친다.

샌프란시스코의 블루워터 재단^{The Blue Water Foundation}과 플로리다의 세일퓨처^{SailFuture}는 가난한 젊은이들에게 항해를 가르친다. 뉴욕 메트로폴리탄 골프 협회는 돈이 없어 골프를 할 수 없는 아이들을 위해 특별히 무료 클리닉과 프로그램을 제공한다. 그런 프로그램들을 비판하는 사람들은 소외계층 아이들에게 컨트리클럽 스포츠를 가르치는 것은 우스꽝스러운 일이라고 비웃는다. 그러나 유니콘들은 이러한 기술들(그로 인한 자신감)이 얼마나 중요한지 알고 있다. 그것들은 당신의 이익을 위해 '연결'하는 기술이며, '연결하기'를 '사회적 자본'으로 전환하는 방법이다.

사회적 자본이 세상을 돌아가게 한다

호기심 많은 클린턴 대통령과 내가 즉석에서 만남을 가졌던 것을 기억하는가? 그의 인맥이 확실히 도움이 되었다. 나는 그가 여러 중요한 친구들과 교류해야 한다고 말해준 것은 고맙지만, 실제로 그렇게 되리라고 기대하지 않았다. 그는 카리스마와 호기심이 넘쳤지만 꽤 바쁘기도 했다. 그래서 나는 그의 말에 대해 더 이상 생각하지 않고 있었다. 그런데 일주일 후 콘스탄티노플 대주교 사무실에서 내게 전화를 걸어 내 여행에 필요한 것이 있는지 물어보았다. 그다음 주에 나는 볼리비아 주재 대사로부터 우리의 임무에 대해 묻는 편지를 한 통 받았다. 결국 2주 후에 나는 클린턴 대통령의 자서전 한 권과 함께 손으로 쓴 메모를 받았다.

유니콘들은 모두 이런 이야기를 갖고 있다. 대통령급은 아니더라도 인맥이 관건이다.

데이비드 M.은 이를 어린 나이에 배웠다고 말한다. "할아버지는 제게 일찍부터, 네가 묻지 않는다면 대답은 항상 '아니오'일 것이라고 가르쳐주셨어요. 리더로 성장하면서, 저는 깊고 단단한 관계와 인맥을 갖고 있다면 반대보다는 찬성을 훨씬 더 많이 얻게 될 것이라는 사실을 깨달았습니다. 저는 그런 관계를 형성하기 위해 남다른 노력을 합니다."

또 다른 데이브 F.는 인맥을 자신의 팀을 강화하고 다른 사람들을 도울 수 있는 기회로 본다. "저는 오래전에 제가 가장 똑똑하고, 강하고, 가장 빠를 필요가 없다는 것을 배웠습니다. 그렇지만 그러한 사람들을 알고 협력하면 훌륭하고 중요한 결과를 얻을 수 있습니다." 수년에 걸쳐 데이브는 주위 사람들을 서로 연결했고, 그들도 자신을 위해 그렇게 해주리라고 확신했다. "제가 만나는 사람들을 잠재적인 자원으로 보지 않고, 대신 그들이 누구이며 그들의 관심사가 무엇인지를 알아내려고 애씁니다. 그래서 마음의 문이 열리면, 그 사람이 무엇을 알고 있는지, 관계나 우정을 어떻게 기를 수 있는지를 기록합니다. 저는 수년에 걸쳐 많은 사람들을 알게 되었고, 어떤 자리를 채울 사람이나 전문가를 찾아달라고 요청하면 기꺼이 연결해줄 수 있습니다. 마찬가지로 수년 동안 만났던 많은 사람들이 같은 방식으로 나를 도와줄 수 있을 것이라고 믿습니다."

연결되면 계속 연결하게 된다

연결하는 것도 중요하지만, 연결을 계속 유지하면 당신은 중요한 인물이 될 수 있다. 이제 나는 결혼생활을 최대한 잘 해낼 자신 있다. 아드리안과 나는 한 팀이며, 우리가 서로에 대한 사랑과 존중을 바탕으로 가정을 이루고 살아가는 것이 자랑스럽다. 약간의 추가 보험은 들더라도 결코 나쁜 것은 아니다. 그렇지 않은가?

아드리안의 가족은 최고의 검보(닭이나 해산물에 오크라를 넣어 걸쭉하게 만든 수프-옮긴이) 레시피를 갖고 있다. 모든 가족 모임에서 주 메뉴로 올라온다. 믿을 수 없을 만큼 맛있고 모두가 검보를 좋아한다. 보석이나 다른 가보보다 이 검보 레시피를 소중히 여긴다. 그러나 문제가 하나 있다. 이 비밀 레시피를 아는 유일한 사람은 아드리안의 할머니였다. 그녀가 우리 곁을 떠나면, 가족은 어떻게 할 것인가?

다행히 그것을 해결할 남자가 있다. 바로 나다. 나는 아드리안의 할머니를 설득해서 레시피를 전수해달라고 했다. 다음 세대까지 안

전하게 전해지도록 말이다. 그렇게 함으로써 내가 가족에게 조금이라도 도움이 된다면, 나는 할머니에게 배울 수 있다는 사실을 행운으로 여긴다.

재미있는 사실

'6단계 분리 법칙'은 지구상의 모든 사람들이 6명 또는 그 이하의 지인들에 의해 서로 연결될 수 있다는 개념이다. 1994년 3명의 대학생들이 생각해낸 것인데, 할리우드의 모든 사람들이 6단계 이하의 영화 역할(영화에서 배우들이 맡은 역할)을 통해 케빈 베이컨과 연결된다는 '케빈 베이컨의 6단계'를 말한다.

연결형 유니콘 - 글레넌 도일Glennon Doyle

도일은 엄마 블로거(육아나 부모와 관련된 블로거-옮긴이)로 시작해서, 그 이후로 컴퓨터 화면을 통해 사람들과 연결하는 능력을 활용해 자신만의 제국을 만들었다. 매우 공개적인 결별과 파탄부터 팟캐스트와 세 권의 〈뉴욕타임스〉 베스트셀러까지, 도일은 따뜻함과 취약성 그리고 영감을 주는 말들로 많은 사람들에게 사랑받았다. 그녀는 또한 자신의 플랫폼을 잘 활용했다. 그녀는 '집단적인 상심을 효과적인 행동'으로 바꾸는 '투게더 라이징Together Rising'이라는 비영리 단체를 설립했다. 전 세계 사람들은 이 대의를 위해 최대 25달러를 기부하고, 가장 최근에는 정치적 갈등으로 인해 헤어진 가족들을 재결합시키는 것과 같은 명분으로 기부한다. 동시에 도일은 지역사회 연결을 목표로 삼는 스토리텔링 행사인 '투게더 라이브 투어Together Live Tour'에 (다른 유명인 친구들과) 자주 참석한다.

우리가 경험한 것

사업에서 다른 사람들과 잘 연결되면 절반 이상 고비를 넘긴 것이다. 우리의 성공에서 큰 부분을 차지하는 것은 소셜미디어의 인맥이다. 어리석게 들릴 수도 있겠지만 사실이다.

우리가 사업을 시작했을 즈음, 나는 이미 15년 동안 정말 이상하고 다양한 인맥을 쌓아왔다. 소셜미디어가 주류를 이루던 시기이기도 했다. 소셜미디어를 빠르게 채택해서 얻은 다양한 네트워크 덕분에, 우리는 '적절한 장소, 적절한 시간'에 있을 수 있었다. 이것은 전통적인 방법으로 얻을 수 있었던 것보다 훨씬 더 많은 청중을 끌어들였다. 연결은 기존의 체제를 능가했다. 우리는 신생 기업에다 이렇다 할 명성도 없었지만, 눈에 띄었고, 우리의 업무를 증폭시킬 수 있는 사람들을 많이 알고 있었다.

물론 나는 전통적인 방식으로 골프장에서 다양한 인맥을 쌓기도 했다. 아이들에게 골프를 할 기회를 주는 프로그램에 흥미를 느꼈던 이유 중 하나는, 골프가 내 성공에 얼마나 중요한지 알기 때문이다. 그곳에서 쌓은 인맥 덕분에 오늘날의 내가 되었다고 할 수 있다.

유니콘이 전하는 말

설문조사 대상자들 중에서 6.88퍼센트가 인맥이 가장 중요한 요인이라고 밝혔다. 유니콘은 인맥이 성공에서 중요한 이유를 많이 언급했다.

┃ 연결을 통해 그 분야의 최고에게 배울 수 있다

'그 분야의 최고'를 어디에서도 찾을 수 없다면, 당신이 그들을 직접 찾아 나서야 한다. 제니퍼 G.는 어린 나이에 이러한 사실을 발견했다. 누구에게서 배울 수 있는지 아는 것이 중요하다고 그녀는 말한다. "이혼한 부모님 밑에서 자라면서, 저는 스스로 길을 찾기 위해 많은 것을 시도해가면서 배워야 했습니다. 많은 것들이 제대로 되지 않아서 저는 주변을 둘러보고 내가 성공하고 싶은 분야에서 크게 성공한 사람들을 찾는 법을 빠르게 배웠어요. 저는 그들에게 다가가서 친분을 쌓을 수 있는지 확인해보았습니다. 그리고 할 수만 있다면 그들에게 조언을 구했습니다. 내가 중요하게 여기는 분야에서 성공한 사람들에게 배우는 것이야말로 매우 유용한 기술입니다."

┃ 더 나은 리더와 팀을 구성하기

아마 여기서 주제를 감지했을 것이다. 12가지 뛰어난 특성들이 모두 더 나은 유니콘 리더로 만들어줄 수 있다. 여기에 연결이 도움되는 이유가 있다.

댄 S.는 팀원들은 리더가 배려한다는 것을 알면 더 잘할 것이라고 말한다. "저는 사회적 자본을 굳게 믿으며, 그것을 사용하기 전에 내 팀원들과 신용거래를 할 필요가 있다고 생각했어요. 제 경험상, 팀원들은 그들이 평소 좋아하고 존경하며 그들에게 마음을 쓰는 리더에게 더 기꺼이 적극적으로 반응합니다. 친밀한 관계를 형성하면 팀의 모든 구성원들, 특히 리더에게 더 충성하고 헌신하게 됩니다."

리프 A.는 팀과의 강한 유대감이 성공의 기반이라는 점에 동의하면서 자신의 생각을 이렇게 덧붙인다. "제가 어떤 역할을 맡았을 때 가장 먼저 하는 일 중의 하나는 관계 자본을 구축하는 일입니다. 조직의 여러 지위를 오르내리면서 그러한 관계를 이미 구축했다면 업무를 진행하면서 의사 결정 과정에 포함되거나 승인을 받기가 훨씬 더 쉽습니다."

"저는 주요 리더들과 팀 내 모든 사람들과의 관계에 투자합니다"라고 벤 C.는 말한다. "저는 공동체의 일원으로 임무를 추진함으로써 사람들이 스스로 가치 있다고 느끼고 자신들이 특별한 무언가의 일부라고 느끼도록 하는 연료가 관계 형평성이라고 믿습니다. 그러면 모든 사람들이 더 열심히 일하고 저를 더욱 신뢰하며, 제 의견을 가치 있게 여기고, 제 수정 사항을 신뢰하며, 우리의 전망을 믿어 주식을 사고, 팀으로 함께 일하고 싶어 합니다."

"저는 제 일의 모든 면에서 사람들과 관계를 맺습니다. 잘 연결되어 있을 때, 일과 강연에서 유리하다는 사실을 알고 있습니다"라고 마틴 W.는 덧붙인다.

그러나 이 책은 단지 훌륭한 팀을 만들고, 최고의 리더가 되고, 직업적으로 번창하는 것에 관한 이야기가 아니다. 유니콘은 사무실뿐만 아니라 세상과 잘 연결하는 특성으로 인해 두드러진다.

이리저리 연결을 하다 보면 사람들이 서로 다르다기보다는 비슷하다는 것을 알 수 있다. 따라서 진정으로 다른 사람들과 연결할 수 있을 때, 공통된 인간성을 더 잘 이해할 수 있다. 그리고 당신은 더 나은 사람이 된다.

더그 I.에게 연결의 필수적인 부분은 그가 도울 수 있는 방법을 발견하는 것이다. "사람들과 연결하는 것을 그들에게 봉사할 수 있는 기회로 봅니다. 업무도 중요하지만 제가 함께 일하는 사람들과의 관계가 더 가치 있습니다."

찰스 M.은 다시 원점으로 돌아와 마이클 J. 폭스의 영화 〈사랑 게임〉에 대해 언급하며 만능 해결사이자 마당발인 주인공 더그의 가치관과 마찬가지로, 직함에 상관없이 우리 모두는 같은 것들을 필요로 하고, 우리 모두는 가치 있으며, 존경받을 자격이 있다는 사실을 상기시킨다.

"저는 아무리 고위층에 있는 사람이라도 감정과 생각을 지닌 개인으로서 그리고 중요한 사람으로서 인정받기를 원한다고 배웠습니다. 직위보다는 한 개인으로서 대하면, 어느 한쪽의 벽을 부수는 데 도움이 됩니다. 저는 대형 교회의 목사들, 작가들, 영향력 있는 사람들, 주 의회의 상임이사들, 농부들, 계산원들, 웨이터들과 개인적인 관계를 맺고 있습니다. 저는 모든 종류의 사람들과 연결할 수 있는 재능이 있고, 무슨 일이 있어도 모든 사람들을 똑같이 존중합니다."

"저는 사람들에게 최고의 투자는 사람에게 투자하는 것이라고 말합니다"라고 토머스 C.는 말한다. "결국 신뢰 관계를 맺고 정성을 쏟은 사람들이 당신을 돌보고 풍족하고 넉넉하게 살도록 해줄 것입니다."

┃ 연결하는 사람들은 삶을 더욱 즐긴다

대부분의 경우 연결하는 일은 더 재미있다. 스펜서 P.는 이것을 어떻게 알게 되었는지 말해준다. "저는 그냥 제가 하는 것이 훨씬 쉽고 빠르다고 생각했습니다. 하지만 그렇게 하면 성공하거나 실패했을 때 쉽게 오만이나 절망에 빠질 수 있습니다. 이후로 저의 약점을 알고 그러한 분야에서 강한 사람들을 데려오기 위해 열심히 노력했습니다. 시간과 에너지가 필요한 일이지만, 제 팀과 관계를 돈독히 하면서 더 많은 기쁨과 의미를 얻었어요. 게다가 저는 사람들과의 관계에 투자하면 미래에 큰 배당금을 지급받는다는 사실을 수십 년 동안 봐왔거든요."

스펜서는 배당금이 웃음, 간식, 인내심과 같은 것이라고 말한다. "우리는 시간만 괜찮다면 집에서 모임을 많이 가집니다. 간식을 먹으며 그동안 못 했던 이야기를 허심탄회하게 나눕니다. 우리는 웃음과 정직과 재미를 중시하고 서로의 개인적이고 정신적인 부담을 공유하죠. 이러한 모든 것이 또한 시간과 에너지가 들지만(우리는 20분이 지나야 실제 모임을 시작하는 경우가 많습니다), 갈등이 생겼을 때 큰 도움이 됩니다. 왜냐하면 우리는 서로를 좋아하고 즐기기 때문에, 서로 관계를 맺고 있기 때문에, 서로를 가족으로 보기 때문에, 갈등과 도전과 의견 충돌이 일어났을 때 건강한 방식으로 극복할 수 있습니다. 어려운 일은 항상 찾아오기 마련이지만, 공동체와 신뢰와 사랑을 기반으로 인맥을 쌓아왔다면, 대개 그 폭풍을 견딜 수 있을 것입니다."

채용 담당자들이 인맥 좋은 사람을 선호하는 이유

지원자는 추천을 많이 받을수록 좋다. 채용 담당자들은 성격을 평가하는데 있어서 평균 이상의 판단력을 갖고 있지만, 지원자를 보증하는 사람이 더 많을수록 진가를 인정한다. 어떤 자리가 생겼을 때, 그들은 항상 인맥이 좋은 사람들 사이에서 평판이 좋은 사람을 채용한다.

직장에서 인맥을 함양하는 요령

• 좋은 후보자를 추천하는 팀원에게 추천 보너스를 제공한다.

• 네트워킹을 촉진한다. 즉, 팀원들에게 전문적인 협회의 회원비와 컨퍼런스 참가비를 지원해준다.

• 멘토, 멘토, 멘토다. 유니콘 케이시 H.는 말한다. "제가 함께 일하는 사람들을 알아감으로써, 깊고 지속적인 관계를 구축했어요. 이러한 것들은 다른 사람들의 멘토가 될 수 있는 기회로 이어집니다. 저는 그들의 삶에 지속적인 영향을 주었고, 지금도 그렇다고 느낍니다. 저는 한 젊은 직원의 장점을 발굴하고 그것을 활용할 방법을 찾는 데 시간을 투자했어요. 저는 또한 그 직원이 리더십을 기를 수 있는 기회를 주었고, 케냐 여행에도 초대했습니다. 이러한 투자 덕분에 우정을 지속할 수 있었고, 그 직원도 개인적으로나 직업적으로 성장할 수 있었어요."

우리가 하는 일

"오직 인맥"이라고 E. M. 포스터는 《하워즈 엔드$^{Howards\ End}$》에 썼다. 이것은 열정과 목적을 달성하기 위해, 그리고 우리의 사랑과 잠재력을 발휘하기 위해서는 생각과 감정(즉, 머리와 심장)이 조화를 이루어야 한다는 메시지다.

조던 W.는 이러한 정서를 반영해서 실행에 옮기는 방법을 말한다. "항상 다른 사람들에게 주의를 기울이세요. 그들이 있는 곳에서 그들을 만나고, 그들과 함께 걸어보세요. 그들이 자신의 재능과 강점을 깨닫고 삶의 여정에서 성장할 수 있도록 도와주세요. 그들을 사랑하세요."

연결을 신봉하는 사람들이 모두 조던처럼 직설적으로 말하지는 않는다. 그러나 인맥을 늘리기 위한 더 많은 전술적 방법을 이야기할 때는 강력한 공통 주제가 등장한다.

질과 양을 택하다

《하워즈 엔드》에서도 주인공 마거릿은 다음과 같이 말한다. "사람들을 더 많이 알수록 그들을 대체하기가 더 쉬워져요. 그것이 런던의 저주 중 하나죠." 여기에서 '런던'이라는 말을 '인터넷'으로 바꾸면, 그녀의 말은 우리의 현대 생활을 요약하는 것이 된다. 인맥이 더 많을수록 그들의 가치를 평가절하하기가 더 쉽다.

이것은 양질의 인맥을 선택하는 것이 대량으로 인맥을 수집하는 것보다 낫다는 의미다. 하지만 나는 처음부터 인터넷을 선택했듯이, 질과 양 중의 하나를 선택해야 한다고 생각하지 않는다. 소셜미디어는 인맥을 쉽게 연결하는 동시에 인맥을 넓히기도 상당히 쉽다. 약간의 훈련만 받으면 된다.

"우리는 역사상 가장 많이 연결된 시대에 살고 있습니다. 하지만 의도적으로 그것을 이용하는 사람은 거의 없습니다"라고 크리스 H.는 말한다. 그는 온라인 연결에 시간과 노력을 들이면 질과 양을 충족할 수 있다고 주장한다. "저는 링크드인과 트위터에서 거의 만 명과 인맥을 맺었고, 그중 상당수와 자주 의사소통을 합니다."

크리스는 이 작업을 수행하기 위해 2가지 실질적인 제안을 한다.

1. 트위터나 링크드인의 검색 기능을 사용해서 당신의 산업 분야에서 비슷한 생각을 가진 전문가를 찾아라. 그들을 찾으면 연결하고 감사함을 표해라. "저는 훌륭한 아이디어를 얻고, 훌륭한 사람들을 서로 연결하고, 제 전문 분야에서 진정한 글로벌 전문가 네트워크에 대한 감각을 심화시킬 수 있었습니다"라고 그는 말한다.

2. 소셜미디어에서 누군가가 전화나 줌으로 당신과 연결하기를 요청하면, 지체하지 말고 가능한 빨리 그들과 연결하라. "서로에 대해 알아가고 생각을 교환하는 대화들은 값을 매길 수 없

을 정도로 소중합니다"라고 그는 말한다. "당신은 정말로 이런 방식으로 사람들과 의미 있는 우정을 발전시킬 수 있습니다."

브래드 L.은 인맥을 형성하는 데 투입하는 시간과 에너지에 관한 질과 양을 따질 수 없다고 말한다. "관계를 구축하는 데 소요되는 시간의 질과 양을 따지는 것은 잘못된 이분법입니다"라고 그는 주장한다. 당신이 진정성 있고 의도가 있다면, 인맥의 양은 중요하지 않다. "사람들과 시간을 보내면 신뢰와 신용을 구축할 수 있고, 이것은 관계 자본으로 이어져서 필요할 때 사용할 수 있습니다. 사람들에게 진심으로 관심을 가지면 이것은 자연스럽게 이뤄질 것입니다."

관계에 대해 이야기할 때 사람들을 배려하고 관심을 갖는 것을 과소평가할 수 없다. "당신이 그들을 '위하고' 그들의 관심사에 대해 마음을 쓰고 있다는 것을 안다면, 그들은 한층 더 노력할 것입니다. 그래서 저는 가능한 가족이나 다른 관심사에 대한 질문을 반드시 합니다"라고 유니콘 조니 W.가 알려준다.

데브라 C.는 다음과 같은 말로 동의한다. "팀을 만드는 가장 좋은 방법은 관계를 통하는 것입니다. 관계를 형성하는 가장 좋은 방법은 다른 사람들에게 투자하고, 진심으로 그들의 삶을 돌보고 참여하는 것입니다."

다른 사람들을 배려하는 것은 단지 전략적으로 해야 하는 일이 아니다. 그것은 인간적으로 해야 할 일이다.

살짝 열린 문틈을 찾아라

연결이 항상 저절로 이루어지는 것은 아니다. 당신이 의도적으로 기회를 잡아야 한다.

톰 C.는 다음과 같이 제안한다. "어떤 대화에서든 누군가를 다른 누군가와 연결할 수 있도록 준비하세요. 사람들이 하는 일을 정리해두세요. 왜냐하면 방금 만난 사람의 운명과 목적을 성취하는 데 도움을 줄 누군가를 연결해줄 수 있기 때문입니다. 예를 들어 저는 최근 한 대규모 협의회에서 여러 국가에 지사를 두고 있는 조직의 CEO를 만났습니다. 그들은 인신매매 문제를 해결함으로써 영향력을 넓히려고 했는데, 그 일을 도와줄 조직이 필요했습니다. 대화가 끝날 즈음에, 저는 그들의 필요를 잠재적으로 충족시킬 수 있는 2명의 이름과 연락처를 주었습니다. 이러한 연결로 그 CEO는 조직의 영향력을 확장하여 이전에는 연결되지 못했던 사람들에게 도움을 주었습니다."

폴 T.는 대화의 힘에 동의한다. "기회는 단지 대화로 연결될 뿐입니다. 이러한 것들은 포부와 임무를 공유하고 상호 이익 관계를 구축하는 문을 열어주는 열쇠입니다."

그리고 꾸준히 노력하는 것을 잊지 마라. 유니콘이 되기 위한 모든 일이 매끄럽게 딱 맞아떨어지는 것이 아니다. 계속 나아갈 수 있는 끈기가 필요하다. 벤 S.가 다음과 같이 충고하듯이 말이다. "모든 상황에서 항상 추가적인 연결을 추구하세요. 당신이 '안 된다'라는 말을 들으면, '아직 안 된다'는 것일 뿐이라고 생각하세요."

열심히 할수록 운이 따른다

옛 격언처럼 더 열심히 일할수록 운이 더 좋아진다. 기꺼이 노력하는 사람들은 우연에 맡기는 사람들보다 더 잘 연결될 것이다.

디에나 S.는 도전 과제를 하고 기꺼이 배우는 것을 일의 일부로 여겨야 한다고 말한다. "삶은 개인적으로나 직업적으로 효과적이고 지속적인 관계를 구축하는 것입니다. 다른 문화와 민족으로부터 배우면 지식을 넓힐 뿐 아니라 사람들을 더 잘 이해할 수 있고, 도전 과제에 대해 더 나은 접근법과 해결책을 찾는 데 도움이 됩니다."

전략적인 방법으로 넓은 그물망을 던지는 것도 도움이 될 수 있다. 앤드루 B.는 특히 지역 차원에서 당신의 열정과 일치하는 네트워크를 만들라고 제안한다. 그만한 여력이 안 된다면, 더 열심히 말고 더 똑똑하게 일하라. "당신이 어떤 것에 관심을 가질 때마다 새로운 네트워크나 프로그램을 만들 시간이 없다면, 상공회의소, 지역 학교 지도부 그리고 지역 정부를 만나는 것이 도움이 됩니다. 우리 조직이 지역사회를 지원하는 일에 더 많이 참여하는 것을 목표로 세웠을 때, 저는 빈곤 가족 지원에만 초점을 맞춘 기관, 비영리 단체, 기업 그리고 지역 교회 연합에 참석했습니다. 그러한 관계를 통해, 우리는 지역사회에서 지속 가능한 존재감을 형성할 수 있었습니다. 또한 조직 밖에서 상호 이익이 되는 관계를 형성하는 데 도움이 되었습니다."

무엇보다 데이비드 B.는 연결하기 위한 이유를 생각하고 원하는 것을 얻기 위해 부단히 노력하라고 말한다. "항상 끝을 염두에 두고 시작하세요. 당신의 비전을 발전시켜 그곳에서부터 역으로 작업하세요. 위임하는 것을 두려워하지 말고, 추진력을 잃지 마세요."

받는 것보다 더 많은 것을 주고, 끝까지 완수하라

연결된 세상에서 자신이 어떻게 행동하는지 주의를 기울이지 않으면 연결하는 것이 커다란 골칫거리가 될 수 있다. 콘래드 W.는 우리에게 다음과 같이 말한다. "저는 제가 받는 것보다 더 많은 것을 주라고 배웠습니다. 이것이 사람들에게 투자하는 방식입니다. 당신이 받는 사람이라는 평판이 돌면 당신의 인맥은 곧 없어질 것이고, 어딜 가나 당신의 평판은 항상 당신을 앞서게 될 것입니다. 그러나 당신이 주기로 선택한다면, 당신의 관대함은 화제가 되어 당신이 그렇지 않았다면 접근할 수 없었을지도 모르는 인맥을 만들 수 있습니다."

콘래드는 이것이 강한 도덕성에 뿌리를 둔 철학이라며 말을 잇는다. "그것은 진실성에 관한 것입니다. 당신이 어떤 것을 할 수 있다면 그것을 하세요. 그리고 그것을 잘하세요. 마무리하지 못하고 실패하는 것보다 전략적 인맥으로 통하는 다리를 가장 빠르게 불사르는 방법은 없으니까요."

윌 M.은 다음과 같이 말한다. "절대 다리를 태우지 마세요. 과거에 알던 사람이 언제 또 이상적으로 나와 잘 맞는 사람이 될지 모릅니다. 당신은 그 사람과 이어진 다리를 태우고 싶지 않을 것입니다. 저는 과거에 어떤 사람이 고용되도록 도와준 덕분에 현재의 이 자리에 앉게 되었습니다. 그들은 나에게 이 직업을 추천해주었고, 저는 더 이상 행복할 수 없을 정도로 행복합니다."

선행을 나눠라

인맥으로 통하는 다리를 구조적으로 튼튼하게 유지해서 당신의 미래를 보호하는 동안, 다른 사람들의 미래를 생각하는 것도 중요하다. 존 H.는 자신의 뛰어난 인맥으로 다른 사람들을 위해 좋은 일을 할 수 있음을 경험을 통해 알고 있다. 그는 다음과 같이 말한다. "저는 인맥을 나 혼자만 누리려고 하지 않습니다. 저는 다른 사람들을 제 친구들과 연결하고, 내가 가진 영향력을 사용해서 다른 사람들이 원대한 목표를 달성할 수 있도록 도와줍니다. '저를 방으로 초대'해서 필요할 때 기회를 준 사람에게 이것을 배웠습니다."

코리 G. 목사는 이것을 도덕적인 필수 사항으로 여긴다. "우리가 할 수 있는 가장 중요한 일은 자신의 사람들을 만드는 것입니다. 당신이나 회사가 생산하는 것이 무엇이든, 영원히 지속되는 유일한 것은 사람들 그리고 사람들과의 관계입니다. 사람들의 가치를 인식할 때, 우리가 하는 일의 가치를 알게 됩니다."

인생은 직선이 아닌 나선형이다. 당신이 성공이라는 산을 오르는 동안, 당신을 뒤따르는 사람들을 위해 길을 명확하게 유지해야 한다는 것을 잊지 마라. 오늘 당신이 친절하게 대한 인턴이 내일은 당신 회사의 합병을 처리할 수도 있다. 당신이 아는 사람과 그가 필요로 하는 사람을 연결해줄 수 있다면 문자나 이메일로 연결의 기회를 제공하는 것이 좋다. 60초의 시간이 누군가의 인생을 바꿀 수도 있으므로, 노력하라. 친절은 유효 기간이 있고, 다른 사람들이 당신이 좋은 사람이라고 생각한다면, 모든 기회가 당신에게 열릴 것이다.

연결하는 유니콘이 되기 위해 필요한 사항

- 연결이 그 어느 때보다 쉬워졌지만, 연결을 유지하는 데는 수고가 든다.
- '올바른' 사람들뿐만 아니라 올바른 대우를 받을 자격이 있는 모든 사람들을 알아야 한다.
- 더그 아일랜드(영화 〈사랑 게임〉의 주인공)의 불후의 대사를 기억하라.

"불가능한 것은 없어요, 앨버트. 불가능한 것은 전화 몇 통만 더 걸면 되는 일일 뿐이에요."

BE THE

10장

호감을 주는 유니콘

The Likable

UNICORN

호감을 주는 유니콘

호감은 제이미 컨 리마^{Jamie Kern Lima}의 브랜드와 동의어다. 호감 덕분에 그녀는 미스 워싱턴 왕관을 썼고, 서바이벌 프로그램 〈빅 브라더^{Big Brother}〉의 첫 번째 시즌에서 다른 어떤 여성보다 더 오래 살아남았다. 또한 호감 덕분에 TV 뉴스 앵커라는 천직을 찾아서 성공했다. 그녀는 항상 주사비(코·이마·볼에 생기는 만성 피지선 염증-옮긴이) 때문에 고생했고, 하루에 여러 번 TV에 출연하려면 상황이 훨씬 더 복잡했다. 그녀는 피부에 더 이상 자극을 주지 않으면서 그것을 커버하는 메이크업을 찾기가 어려웠다. 그래서 그녀는 자신만의 화장품을 만들었다. IT 코스메틱스^{IT Cosmetics}는 컨 리마의 비전과 피부과 의사의 전문지식을 바탕으로 탄생했다.

IT 코스메틱스는 하루아침에 성공을 거두지 못했지만, 결국 해냈다. 그녀는 업계에서 자리 잡기 위해 2년 동안 거대 홈쇼핑 기업 QVC에 제품을 보냈지만 소용없었다. 그러나 한 제작자가 무역박람회에서 그녀를 발견하고 상황은 바뀌었다. 긍정적이고 매력적인 컨 리마는 그 제작자에게 아이크림을 발라보라고 설득했고, 갑자기 QVC에 10분짜리 방송을 확보했다. 컨 리마는 두려웠지만 인내심을 갖고 즉각 방송에서 제품을 효과적으로 시연할 방법을 개발했다. 그녀의 완벽한 메이크업을 지우고, 붉고 빨갛게 얼룩진 피부를 드러내면서, 실시간으로 제품의 효과를 공개적으로 입증했다.

그녀는 다시 메이크업을 하면서 얼마나 쉽고 간편한지 보여주었다. 시청자들은 그녀의 약점을 보는 순간 그녀가 자신들과 똑같은 사람이라는 것을 느꼈다. 첫 방송에서 모든 재고가 매진되었다. 2017년에 회사는 도약했고, 컨 리마는 회사를 12억 달러에 로레알에 팔았다. 이후 컨 리마는 사람들이 믿고 좋아하는 자선가이자 엄마이자 작가로 전념하고 있다.

2,500건 이상의 검색을 해본 결과 나는 최종적으로 선택된 후보가 단순히 "다른 사람들과 잘 어울린다"는 이유로 결정된 경우가 얼마나 많은지를 보고 놀랐다. 많은 회사들이 결국 '유능하지만 무례한 사람'이라는 낙인이 찍힌 직원을 해고하거나 또는 해고하고 싶어 한다. 그러나 호감을 주는 사람들은 계속 직장을 유지할 뿐 아니라 시간이 지나면서 다른 사람과 쌓아온 선의와 관계 자본을 통해 승진할 수도 있다. 호감 주는 법은 당신이 상상하는 것보다 더 쉽다. 이 장에서는 호감도를 향상하는 방법을 알려줄 것이다. 혼잡하고 시끄러운 세상에서, 이 특성은 결국 다른 어떤 특성보다 중요할 것이다.

우리가 알고 있는 것

커다란 프로젝트가 곧 있을 거라고 상상해보라. 직장에서 프레젠테이션일 수도 있고, 또는 당신의 아이가 가입한 야구 팀의 유니폼을 조사하고 디자인하고 주문하는 일일 수도 있고, 또는 화장실 리모델링일 수도 있다. 이 프로젝트를 위한 팀을 구성할 때, 당신은 누구를 선택할 것인가? 이 분야에 대해 전반적으로 잘 아는 전문가인가? 아니면 이 분야에 대해서는 덜 익숙하지만 호감을 주는 사람인가?

당신은 이것이 쉬운 결정이라고 생각할지도 모른다. 물론 전문가를 고를 테니까. 호감이 중요하지만 역량은 더 중요하다. 실제로 가상의 상황에서는 대부분 전문가를 선택한다. 그러나 실제 상황에서는 정반대라는 것이 연구에 의해 밝혀졌다.

연구 결과 우리가 하겠다고 말하는 것과 실제로 하는 것 사이의 차이는, 우리가 자신의 습관에 대해 이야기하는 것과 비슷하다는 것을 발견했다. 우리는 신문을 읽고, 재활용을 하고, 무조건 지역 상점에서 물건을 산다고 말한다. 그러나 실제로 우리는 자신이 생각하는 것만큼 그렇게 도덕적이지 않다. 충동과 본능에 사로잡히고, 더 나은 것을 알고 있으면서도 결국 좋아하는 것을 선택한다.

이 연구는 2가지 흥미로운 사실을 밝혀냈다.

1. 감정은 문지기 역할을 한다. 당신이 누군가를 좋아하지 않는다면, 그 사람은 자신의 능력을 보여줄 기회를 갖지 못할 것이다.
2. 어떤 사람이 호감을 얻는다면 그 사람이 가진 작은 능력은 극대화될 것이다. 호감은 거의 매번 역량을 능가한다.

호감을 유지하면 기회의 문이 활짝 열릴 것이다. 게다가 사람들이 당신에게 호감을 느낀다면, 능력이 조금 부족하더라도 당신을 보호해줄 것이다.

호구가 되어서는 안 된다

호감을 사는 것은 사람들의 비위를 맞추는 것과 다르다. 사람들의 비위를 맞추는 것은 두려움에 기인한다. 호감을 주는 것은 자신감에서 나온다. 호감도를 완벽하게 높이는 과정에서 자칫 사람들의 비위를 맞추게 될까 봐 걱정하지 마라. 당신이 건강한 자존감을 갖고 있고, 자신의 진정한 자아를 표현하는 한 당신은 남의 비위를 맞추는 사람이 되지는 않을 것이다.

그러나 사람들의 비위를 맞추는 것에서 시작할 수도 있다. 그것에 관한 심리학적 용어는 사회적 의존성(타인과의 관계에 과하게 투자하는 성향-옮긴이)이다. 그것은 때로 불안 증상이나 과거 트라우마의 산물이기도 하다. 사람들의 비위를 맞추는 것에서 호감을 주는 것으로 이동하려면 내가 아는 것보다 훨씬 더 많은 정신의학 지식이 필요하다. 다행히 사회적 의존성은 드물다. 그리고 나는 다른 사람들을 만족시키다 보면 언젠가 호감을 드러내어 그에 따른 혜택을 누릴 수 있다고 생각한다.

유니콘 제러드 H.가 말했듯이, "호감을 주는 것은 '사람들의 비위를 맞춘다'거나, 열심히 애쓰면서 모든 사람들에게 '예'라고 말하는 것을 의미하지 않습니다. 그것은 당신이 다른 사람들에게 투자하고, 의도적으로 관계를 추구하고, 다른 사람들의 이익을 공유하기 위한 시간을 갖는다는 의미입니다."

인기 있는 것이 중요한가?

인기 있는 것은 좋은 것이고, 확실히 많은 힘과 지위를 가져다주지만 호감이 가는 것과는 상당히 다르다.《심리과학의 현재 방향 Current Directions in Psychological Science》이라는 학술지('휴가 때 읽을 만한 책'은 아니지만 혼자 읽기에 대단히 흥미로웠다)에 실린 한 연구는 인기와 호감을 대조해서 정의했다. 인기는 사회적 권위, 영향력, 공격성과 관련이 있다. 호감은 감정적으로 잘 적응하고 덜 공격적인 것이다. 인기 있는 사람들은 밀고 당기는 반면 호감 가는 사람들은 환영하고 통합한다.

호감에 관한 사실

'맥주 질문'(정치인들이 일상적인 시간을 보내면서 맥주를 어떤 정치인들과 마시고 싶은지를 묻거

나 투표함으로써 정치인들의 진정성과 호감도를 측정하려는 정치학의 사고 실험-옮긴이)은 현재

수십 년 동안 미국 정치에서 리트머스 테스트로 사용되어 왔지만, 학자들은 주어

진 상황에 따라 문제가 있을 수 있다고 말한다. 누군가가 술집이나 농구 경기에 함

께 가면 재미있을 것이라고 생각하는 것과 누군가가 핵 암호를 다룰 만큼 충분히

현명할 것이라고 생각하는 것은 완전히 다르다. 후자의 경우라면, 당신은 호감이

가는 사람보다 능력이 있는 사람을 선택할 것이다.

우리가 경험한 것

호감이 가는 사람들은 자신에 대해 이야기하지 않고 항상 대화를 상대방 쪽으로 돌린다는 것을 아는가? 이것은 내가 클린턴 대통령을 만났을 때 배운 교훈이다. 대화의 초점을 상대방에게 맞춰라.

이 원칙이 당신의 직업 생활에 어떻게 도움이 될 수 있을지 생각해보라. 영업 회의에서, 어떻게 하면 대화를 고객 위주로 전환할 수 있는지 생각해보라. 리더라면 다른 팀의 팀원들이 승리한 이야기와 사례를 공유하라. 당신이 조직의 미래에 대한 비전을 말할 때, 회의실에 있는 모든 사람들에 대해서도 언급하라.

이름을 기억하는 것이 중요하다

"사람의 이름은, 그 사람에게, 어떤 언어 중에서도 가장 달콤하고 가장 중요한 소리라는 사실을 기억하라." 데일 카네기의 말이다.

그들의 이름을 기억하고 말함으로써 자신이 중요한 존재라는 것을 느끼게 한다면, 당신은 호감을 얻는 길로 제대로 가고 있는 것이다.

나는 이름을 잘 다루려고 노력하고 대개는 그렇다. 그런데 래리라는 한 친구는 이름을 기억해서 잘 써먹는데, 특히 외식할 때 그렇다. 그것은 관련된 모든 사람들이 기분 좋아지는 순간이다. 서비스를 하는 사람에게 존중을 표하는 것은 바람직한 일이다. 그것은 서비스를 하는 사람과 받는 사람의 역학 관계를 제거하는 데 도움을 준다. 그렇게 하면 문제를 해결하기도 더 쉽다.

래리는 종업원에게 그곳에서 얼마나 오래 근무했는지 물어본다. 그는 종업원이 어디 출신인지 알아내고, 대학에 다니고 있다면 전공은 무엇인지 물어본다. 그가 그 식당에 다시 가면, 그때는 그 아무개의 담당 구역에 자리를 달라고 요청할 것이고, 지난번에 알아낸 모든 것, 즉 자녀들, 졸업식, 초기 그래픽 디자인 경력 등의 이야기를 할 것이다.(래리는 자신이 가장 좋아하는 식당의 종업원들을 다 기억하는 놀라운 능력을 갖고 있다.) 그는 진심으로 관심을 갖고 있기 때문에, 직원들이 정말로 그를 좋아한다.

무하마드 알리의 명언이 있다. "저는 저에게 친절하지만 웨이터에게 무례한 사람은 믿지 않습니다. 왜냐하면 제가 그 웨이터라면 그들은 저에게 똑같이 대할 것이기 때문이죠." 최근에 어떤 사람이 종업원을 어떻게 대하는지 관찰하는 것이 어떤 종류의 사람인지를 가려내는 리트머스 테스트가 되었다. 연인 간의 데이트는 그에 따라 승패가 결정되며 직업도 마찬가지다. 상사나 잠재적인 고용주와 점심을 먹는다고 생각해보라. 인생은 '웨이터 테스트'인 셈이고, 아무도 지켜보지 않더라도 사람들을 친절하게 대하는 것이 중요하다.

올라가려면 내려가라

때로는 자신의 실력을 감춰야 한다.

헨리 8세의 마지막 부인인 캐서린 파 왕비의 유명한 이야기가 있다. 유럽 역사에 대한 지식이 매우 얕은 사람들조차, '아내'와 '헨리 8세'란 말을 한 문장에서 들으면 나쁜 이야기라는 것을 알고 있다. 헨리는 캐서린 파와 결혼했을 즈음 이전 부인들 중 2명을 참수했다. 이야기에 따르면 헨리는 캐서린의 개신교 사상을 이단으로 여겼고 그녀를 체포하라고 명령했다(그 후 처형이 반드시 뒤따랐다). 그 사실을 알고 당황한 캐서린은 몸을 추슬러서 헨리에게 달려가 개신교는 그저 헨리의 마음을 병든 몸으로부터 지켜주기 위한 것이라고 설명했다. 그녀는 자신이 여자임을 강조했다. 그녀의 남편이자 왕이며 지적인 상관에게 무조건 복종하겠다고 말했다. 그는 즉시 그 이야기를 받아들여서 체포를 취소했고, 캐서린은 다시 헨리의 호감을 얻게 되었다.

하퍼 리의 《앵무새 죽이기》에서, 주인공 스카우트의 아버지 아티커스 핀치 변호사는 마을에서 가장 똑똑한 사람이다. 그러나 그는 그것을 과시하지 않는다. 대신 그는 메이콤 마을의 침착한 도덕적 나침반이며 이러한 가치관을 자녀들에게 전달하려고 노력한다.

"다수결의 원칙을 준수하지 않는 한 가지는 사람의 양심이다"라고 아티커스는 스카우트에게 말한다. 법정에서 그는 검찰 측 증인을 상대로 반대 심문할 때 결정적 증거를 '잡았다' 하는 기회를 많이 만든다.

"왼손으로 쓰는 것에 대해 묻겠는데, 당신은 양손잡이인가요, 이웰 씨?"라고 그는 묻는다.

"저는 분명히 그렇지 않습니다. 저는 한 손을 다른 손처럼 잘 사용할 수 있습니다. 한 손을 다른 손처럼 잘"이라는 답변이 나온다. 아티커스는 엔드 존에서 공을 스파이크로 내리꽂아 이것이 정확히 양손잡이를 의미한다고 설명하는 대신 침묵을 유지하며 계속 진행한다.

호감 가는 사람이 되려면 말하지 말아야 할 때를 아는 것이 말할 때를 아는 것만큼이나 중요하다. 나는 이 분야의 전문가들을 만나봤지만, 가장 경험이 적은 사람이 할 말이 가장 많다는 것을 알게 되었다. 그들은 누구도 자신들보다 더 많이 알고 있다고 생각하지 않는다. 그들은 모든 것을 알고 있다고 여기며 주저하지 않고 그것을 이야기한다. 내가 존경하는 멘토들과 동료들은 그저 웃으며 상대가 계속 이야기하게 놔둔다. 나는 이런 신참들의 주장을 반박하고 그들이 누구에게 이야기하고 있는지 상기시켜 주고 싶었다. 그러나 그 후 나는 직장에서 이야기하는 사람의 자존심을 지켜주기 위해 조용히 있음으로써 오히려 더욱 호감을 얻게 되는 대가들을 보았다.

간접적인 칭찬은 금이다

말하지 않는 것도 호감도를 높이는 방법이지만, 호감도의 진정한 플라이휠(기계나 엔진의 회전 속도에 안정감을 주기 위한 바퀴-옮긴이)은 바로 간접적인 칭찬이다. 누군가를 칭찬하는 것은 멋진 일이다. 그것은 상대가 좀 더 똑바로 서서 좀 더 당당하게 걷게 한다. 간접적인 칭찬은 소문보다 훨씬 강력하고 가장 효과적이다. 동일한 실행, 다른 동기다. 간접적인 칭찬은 누군가 당신에게 어떤 사람에 대해 긍정적인 말을 해줬다면 그것을 당신이 그 당사자에게 말하는 것이다. 예를 들어 니콜이 당신에게 제시카가 프레젠테이션을 잘했다고 칭찬하면 당신은 제시카에게 니콜이 그렇게 말했다고 전한다. 그러면 니콜은 제시카에 대한 좋은 감정이 증폭되고, 제시카가 당신과 니콜에게 좋은 감정을 갖는다. 당신은 따뜻하고 보송보송한 분위기의 한가운데에서, 호감의 씨앗을 뿌린 셈이다.

호감 찾기

나는 항상 지원자가 성공할지 빨리 알아낼수록 좋다고 믿어왔다. 누구의 시간도 낭비하지 않으니까. 그리고 호감은 미래의 성공을 예측하는 훌륭한 변수다. 우리가 사용하는 지원자 선별 기술은 조금 특이하다. 그러나 나는 효과가 있다고 확신한다.

▌파티를 통한 호감 세례

몇 년 전 영업 부사장을 채용하려고 했을 때 우리가 완벽한 후보자를 찾아냈는지 몹시 의심스러웠다. 12월이었고, 첫 면접을 본 다음 날이 마침 크리스마스 파티를 하는 날이었다. 나는 지원자에게 문자를 보내서 이렇게 흥겨운 분위기에서 팀을 만날 수 있는지 물었다. 그녀는 재빨리 답장을 보내(신속함은 하나의 좋은 신호다), 당연히 좋다고 했다. 그녀는 결국 파티의 스타가 되었다. 사라는 끝날 때까지 머물며 파티 장소를 정리하는 팀원들을 도와주고 즉흥적으로 터져 나온 크리스마스 캐럴에 화음을 넣으며 노래했다. 다음 날 우리는 맑은 정신으로 새 영업 부사장이 얼마나 마음에 드는지에 대해 신나게 문자를 보냈다. 물론 그녀는 직업을 구했고, 그 나머지는 말할 필요도 없다.

유니콘이 전하는 말

유니콘들 중에서 5.72퍼센트가 12가지 특성 중 가장 강한 특성을 호감이라고 했다. 그들은 호감에 따른 신뢰와 품위와 기회를 입증할 수 있다.

호감이 가는 사람은 신뢰받는 사람이다

"사람들이 저를 좋아하기 때문에, 그들은 기꺼이 제 말을 듣고 숙

고합니다"라고 로이 C.는 말한다. "왜냐하면 사람들이 저를 좋아하고 들어주고 이해받고 있다고 느끼기 때문에, 제 방식이나 접근법을 쉽게 받아들이는 것 같습니다. 저의 대응에 위협을 전혀 느끼지 않기 때문이죠. 제가 호감을 주기 때문에 사람들이 경계를 풀고 더 열린 마음으로 생각하는 것 같아요. 제가 그들의 견해를 비판하지 않을 거라고 믿는 것입니다."

지나 B.는 이름을 기억하는 것의 효과를 보증하며, 호감을 얻는 것의 이점은 그저 부수적인 결과라고 말한다. "사소한 일처럼 보이지만, 이름을 기억하는 것은 그 사람에게 '당신은 내게 중요한 사람입니다. 내가 당신이 누구인지를 알 만큼'이라는 뜻입니다. 그것은 누군가가 보살핌을 받는다는 감정을 느끼는 첫 단계입니다. 그런 다음 우리는 함께 시간을 보내면서, 그들의 이야기를 듣습니다. 저는 진심으로 관심을 가지고 주의 깊게 듣습니다. 이러한 관심이 신뢰와 충성과 호의와 같은 관계에 따른 혜택을 가져다주는 것은 일종의 보너스입니다."

호감을 사면 더 많은 기회를 얻는다

"성과도 중요합니다. 그렇지만 호감이 더 중요해요"라고 크리스토퍼 B.는 말한다. "당신이 성과는 얻었지만 그 과정에서 모든 호감이 사라졌다면, 당신이 실수하는 그 순간(사람은 누구나 실수하죠) 사람들은 당신에게 덤벼들 거예요. 호감은 당신이 실수를 하더라도 위험을 줄여주는 호의 은행을 구축합니다."

크리스토퍼 J.는 호감이 말 그대로 생명을 구한다는 사실을 발견했다. 그는 다음과 같이 말한다. "저는 타고나길 호기심이 많고 질문을 잘합니다. 그런 다음 경청합니다. 군대와 법 집행기관에서 일할 때 호감을 주고 질문하고 관계를 맺어왔기 때문에, 저와 제 팀은 아무런 피해를 입지 않은 경우가 많았습니다."

호감은 열린 문이다

제프 H.는 호감을 줌으로써 더 많은 기회를 더 빨리 얻었다고 밝혔다. "저는 항상 친절하고 호감을 주고 진정으로 다정한 것이 제가 원하는 곳에 훨씬 빨리 도달하게 해준다고 느꼈습니다. 밑에서 일하기 좋은 관리자로 알려졌기 때문에 저는 더 빨리 승진했습니다."

호감형 유니콘 - 키아누 리브스^{Keanu Reeves}

심야 토크쇼에서 놀랍도록 심오한 답변을 하든, 그가 팬들과 함께하며 보여주는 인내심과 배려로 입소문이 나든, 키아누 리브스는 호감이 가지 않을 수 없다. 그의 친절함과 관대함에 대한 이야기가 인터넷을 가득 채운다. 자신의 스턴트맨들에게 오토바이들을 사줬다, 영화 제작을 위해 자신의 급여를 삭감했다, 대중교통을 이용하고 가방을 든 여자에게 자신의 자리를 양보했다 등. 그는 자신과 나이 차이가 별로 나지 않는 여자 친구를 두었으며, 아동병원에 가능한 자신을 드러내지 않고 돈을 기부한다. 키아누 리브스는 좋은 사람들 중 한 명이거나 좀 더 정확하게는 훌륭한 사람들 중 한 명이다.

우리가 하는 일

몇몇 사람들은 두려운 마음으로 "기가 막히는군. 이제 밖에 나가서 파티의 스타도 되고, 사람들과 교류하며 굉장히 사교적으로 지낼 수 있는 몇 가지 요령을 알게 되겠네"라고 생각할지도 모른다. 내성적인 사람들은 이것을 두려워한다. 하지만 내성적인 사람들이 누구 못지않게 매우 호감이 가는 사람들이다. 아마도 평균적으로 애매하게 외향적인 성격보다 더 호감이 갈 수 있다. 당신은 성공적이고 호감이 가는 내성적인 사람이 되기 위해 모든 곳, 모든 사람들 앞에 있을 필요는 없다.

알버트 아인슈타인, 엘리너 루스벨트, 에이브러햄 링컨, 로자 파크스, 넬슨 만델라는 내성적인 사람들이었다. 대다수의 사람들이 그들에게 호감을 가진다. 소수는 정확하게 역사의 옳은 편에 서 있지 않았다. 그리고 오늘날 유명한 비욘세도 내성적인 사람이다. 그녀는 인터뷰를 거의 하지 않고 공개석상에서 말하는 것을 싫어하지만, 사람들과 소통하는 방법을 찾는다. 내성적인 호감형 유니콘들이 일을 성사시키는 방법을 알아보자.

제임스 W.는 이렇게 말한다. "저는 내성적인 사람이지만, 매우 공적인 환경에서 활동합니다. 비록 에너지가 빠져나가지만, 제 호감이나 카리스마를 활용하여 공공장소에서 활동하라고 스스로를 북돋웁니다. 저는 사람들을 진심으로 사랑하기 때문에 그것은 엄청난 도움이 됩니다."

"저는 사람들이 자신에 대해 묻는 것을 정말 좋아한다는 사실을 알게 되었어요. 그들이 방금 말한 것에 당신이 동의하거나 더 분명하게 진술해주면, 그들은 공감대가 형성되었다고 느낍니다"라고 애비 M.은 말한다. "제 말에 동의하거나 반대할 수도 있지만, 제가 그들의 말을 경청하고 있다는 것을 느낍니다. 그리고 제가 그런 말을 할 때는 내성적인 사람일 리가 없다고 말하기도 합니다. 제가 필요할 때는 충분히 외향적으로 행동할 수 있다는 것이죠."

내성적인 사람들은 다른 사람들에게 호감을 주기 위해 다른 연결 수단을 사용한다. 공적인 행사장에는 거의 나가지 않지만 집에서 참석자들에게 사려 깊은 이메일을 보내고 후속 조치를 취하며 우호적인 관계를 형성하는 여성이 있다.

조슈아 K.는 비슷한 방법을 배웠다. "그것은 쉽지도 자연스럽지도 않았습니다. 하지만 저는 카드 쓰기, 생일 기억하기, 격려 문자 보내기, 의미 있는 대화를 하는 법을 배웠습니다."

소셜미디어는 사무실 킥볼(야구와 비슷하지만 방망이 대신 발로 차는 공놀이-옮긴이) 팀이나 너무나 많은 사회적 상호작용을 요구하는 활동에 참여하지 않고도 당신의 호감도를 높일 수 있는 또 다른 좋은 방법이다. 친구들을 위한 사려 깊은 게시물과 응원의 표시는 빠르게 호감도를 형성한다.

아무 말도 안 할 때 무슨 말을 하는지 안다

내성적인 사람들은 공공장소에 있거나 사람들과 오랜 대화를 나눈 후에 재충전할 필요가 있다. 우리 모두는 자신을 어떻게 표현하는 것이 좋은지에 대해 자기 인식을 가질 필요가 있다.

브래드 B.는 다음과 같이 말한다. "따뜻함을 갖고 이끄는 것이 중요합니다. 열린 몸짓언어를 하고, 미소를 지으며, 눈을 맞추고, 서로의 영역을 존중하세요."

데이브 H.는 다음과 같이 말한다. "저의 표정부터 몸짓언어까지 사람들은 제가 그들을 어떻게 상대하고 있는지를 알아요."

사람들에게 신경 써라

공감은 호감의 중요한 요소이다. 웨이터를 CEO와 똑같이 대하는 사람처럼, 모든 사람들을 진심으로 대하는 행동 방식은 당신을 좋아하고 존경하게 만들 것이다.

스콧 W.는 전 세계에서 일하면서 이것을 배웠다. "호감은 얼마든지 개발할 수 있는 기술입니다"라고 그는 말한다. "다른 사람에 대한 존중과 공감을 우선시할 때 슬럼가이든, 궁전이든, 대학교든, 커피숍이든 모든 상황에서 진정성을 보여줄 수 있습니다."

리언 G.는 "섬기는 사람이 되세요"라고 촉구한다. 상사, 인턴, 동료 등 우리 모두는 특별한 은총이 필요하다. "사람들은 힘겨운 투쟁을 하며 지배적인 감정에 사로잡혀 있습니다. 그들을 격려하고 희망을 주고 항상 용서하세요."

"사람들에 대해 관심을 가지세요"라고 크리스티 C.가 말한다. "아주 간단하게 들리지만, 다른 사람들을 생각하고 진심으로 그들의 삶에 마음을 쓸 때, 사람들은 당신 주변에 있고 싶어 합니다. 이것은 직장에서, 즉 더 생산적이고 효과적인 사람들이 모인 곳에서 더욱 명확하게 드러납니다. 왜냐하면 사람들은 좋아하는 사람들을 위해 무언가를 하고 싶어 하기 때문입니다."

벨테인 G.는 우리에게 보편적인 인간성을 상기시킨다. 한 사람이 아무리 많은 권력을 갖고 있다고 해도, 그들이 아무리 자신감 있게 보여도, "모든 사람들은 당신이 그들을 진심으로 중요하게 여기길 원합니다. 사랑받고 인정받고 싶어 하는 사람들에게 상처 주지 마세요." 다른 사람들이 안전하고 격려받고 있다고 느낀다면 당신은 호감을 얻게 될 것이다.

약속한 것은 무조건 완수하라

내가 클린턴 대통령과의 대화에서 얻은 두 번째 교훈은, 호감을 쌓는 데 있어서 시의적절하고 상대에게 딱 맞는 후속 조치를 하는 것이 전부라는 사실이다. 사람들이 약속을 하고 지키지 않는 경우가 몇 번이나 되는가? 누군가가 당신에게 후속 조치를 취하겠다고 말하고 하지 않은 경우가 몇 번이나 되는가? 그들이 하겠다고 말한 것을 적절한 시기에 실제로 완수한 사람은 생각보다 훨씬 드물다. 3만 명 이상의 사람들을 직접 대면한 결과 후속 조치를 제대로 하는 것은 최고의 지원자들 중에서도 매우 드문 특징이었다.

겸손함을 유지하라

겸손은 호감을 주는 또 다른 중요한 요소이다. "겸손하게 굴면 다른 사람들이 당신을 좋아할 것입니다"라고 스콧 W.[Scott W.]는 말한다.

"그렇지만 겸손하면서도 강하고 심지가 굳으면 그들은 당신을 좋아하면서 존경할 것입니다."

제임스 G.는 모든 상황에 자신의 자아를 끌어들이지 않으려고 노력한다. "저의 멘토는 항상 제가 만난 사람들을 더 나은 사람으로 만들라고 격려했습니다. 제가 방에 들어올 때 중요한 것은 제가 아니라, 다른 사람들입니다. 절대 '내가 여기 있어!'가 되어서는 안 되며, 대신 '당신이 여기 있어!'가 되어야 합니다."

질문하라

반성하지 않는 사람은 호감 있는 사람이 될 수 없다. 스콧 N.은 다음과 같이 충고한다. "관심과 의사소통을 측정하기 위해 사람들과 상호작용하는 동안 주의 깊게 관찰하세요. 개방형 질문을 하세요. 어떤 경험이나 열정이 그들에게 동기부여를 하는지 물어보세요. 실패나 좌절로부터 무엇을 배웠는지 물어보세요. 꿈을 이루기 위한 다음 단계는 무엇인지 물어보세요. 당신이 어떻게 하면 그들이 승리하는 데 도움이 될지 물어보세요."

카일 H.가 발견한 것처럼 질문이 반드시 진지하고 지루한 과정일 필요는 없다. "군대에서 저는 '호감 가는 녀석'이 되는 것이 좋은 조종사가 되는 것만큼이나 승무원들에게 큰 영향을 준다는 것을 빠르게 알아챘습니다. 저는 다른 사람들이 무엇을 좋아하는지에 대해 진지하게 관심을 보임으로써 호감을 주기 위해 노력했습니다. 질문하고 농담을 던지고 그들과 함께 웃으며, 웃을 기분이 아닐 때도 환하게 웃는 법을 배웠습니다. 무엇보다 매력적이고 희망을 주고 격려하는 것이 가장 큰 영향을 미친다는 사실을 알았습니다. 결과적으로, 제가 비행을 배정받았을 때는 승무원들이 함께 일하려고 경쟁하곤 했습니다."

마이크 B.는 질문하는 것이 인간관계에만 해당하는 것은 아니라고 말한다. "조금이라도 많은 지식을 갈구하세요. 그것은 새로운 사람을 만나서 삶에 대한 얘기를 할 때 유용할 겁니다. 그것은 생산적인 방식으로 당신의 관계 자본을 증가시킬 뿐만 아니라, 사람들과 그룹들에게 이익이 되는 대화를 하는 데 도움이 될 것입니다."

그들에 대해 더 많은 것을 알려고 하라

호감도를 높이기 위해 조금 더 많은 시간과 에너지를 쓰는 것은 결코 해롭지 않다. 투자한 만큼 성과를 얻는다.

"가장 좋은 방법은 사람의 이름을 기억하는 것입니다"라고 데이비드 R.은 말한다. "그러면 그들에 대해 최소한 2가지를 알아내는 겁니다. 그들의 배우자 이름, 자녀들의 이름, 직업 등을 알아보세요. 그들에 대해 더 많은 것을 알기 위해 노력하세요. 그리고 미소를 지으세요."

데니스 M.은 과제를 제대로 하는 것이 호감도를 훨씬 높인다는 사실을 발견했다. "저는 독일, 프랑스, 브라질, 호주, 중국, 인도 출신의 사람들을 관리할 기회가 있었습니다. 저는 여러 다른 문화에 대한 수업들을 들었기 때문에 그들의 동기를 이해할 수 있었죠. 이것은 제 호감도와 관리 기술을 향상하는 데 도움이 되었습니다."

자포자기는 절대 이기지 못한다

신은 노력하는 사람을 사랑할지 모르지만, 사람들은 일반적으로 노력을 좋아하지 않는다. 당신이 사랑받으려고 너무 열심히 노력하거나 너무 필사적으로 매달리면 오히려 반감을 살 수 있다. 호감을 얻는 것에 대해 가장 좋은 조언은 그저 조금만 더 나은 사람이 되는 것이다. 작고 세심한 개선이 전면적인 공세보다 더 효과적이다. 시간을 들여 노력하라. 그러면 당신은 그 어느 때보다 더 호감을 얻게 될 것이다.

호감 있는 유니콘이 되기 위해 필요한 사항

- 얘기하는 것을 중지하라. 경청은 당신을 더 나아가게 할 것이다.
- 기억하라. 인생에서 어떤 위치에 있더라도, 우리 모두는 최선을 다하는 중이다. 그에 따라 행동하라.
- 호감을 주는 것은 관계 자본의 기초이며 자신에 대한 긍정적인 평판을 쌓는 것이다.

BE THE

11장

생산적인 유니콘

The Productive

UNICORN

생산적인 유니콘

버진그룹 리처드 브랜슨 회장의 학창 시절 교장은 그가 성인이 되면 감옥에 가든지 백만장자가 될 것이라고 예측했다고 한다. 그의 예측이 옳았다. 억만장자가 될 학생인 리처드 브랜슨은 즉시 제품과 서비스를 생산하며 사업을 시작했다. 첫 번째 성공을 거둔 것은 1968년에 출간된 학생 잡지였다. 그다음에는 우편 주문 카탈로그를 만들었고, 오프라인 음반 가게, 그리고 우주 탐험으로 이어졌다. 브랜슨은 생산적이지 않아도 될 때조차 결코 생산적인 것을 멈추지 않았다. 그는 400개 이상의 회사를 만들었다. 브랜슨은 말한다. "닥치고, 그냥 해."

영화 〈마법에 걸린 사랑Enchanted〉은 매력적인 에이미 아담스가 지젤 역으로 출연하는데, 디즈니 공주가 현대의 뉴욕으로 던져지는 이야기다. 그녀는 혼란스러워한다. 그녀는 두려워한다. 그녀는 더 이상 만화가 아닌 3차원 속의 인물이다. 그것은 그녀에게 일어난 정말 큰 변화이다. 그녀는 몸을 웅크리고 울음을 터뜨릴 만한 세상에 놓여 있다. 그러나 지젤은 울지 않고 생산적이 되기로 선택한다. 그녀는 장식 띠를 비틀어 숲의 친구들을 뉴욕으로 소환해, 노래를 부르며 자신이 피난처로 삼은 더러운 아파트를 청소한다. 그녀는 일을 끝내자 한숨을 내쉬며 한마디 한다. "휴, 이거 재밌는데?"

생산적인 것이 항상 재미있지는 않지만, 시간을 최대한 활용하고 군중들 사이에서 자신을 돋보이게 한다. 프로젝트를 뒤로 미루고 당신을 방해하는 것들이 활개치도록 놔두는 것은 너무 쉽다.

소셜미디어, 인스턴트 메신저, 언제든지 가능한 온디맨드 세상의 부상으로, 주의 집중 시간이 뚝 떨어지고 있다. 직장에서 낭비되는 시간은 그 어느 때보다 많다. 반대로 생산적인 사람이 나타나면, 그들은 그 어느 때보다 빛이 나기 마련이다.

이 장에서는, 내가 가장 좋아하는 생산성을 높이는 팁을 공유할 것이다. 이것은 지난 몇 년 동안 면접을 보았던 가장 성공한 사람들 중 일부에서 얻은 지혜이며, 나도 그 효과를 경험했다. 새로운 수준의 효율성을 얻는 방법을 알게 될 것이다.

우리가 알고 있는 것

우리는 언제 어디서나 누구와도 일할 수 있는 세상에 살고 있다. 그런데 왜 우리는 성공적인 생산자가 못 되는가? 간단하게 답하자면 너무나 많은 방해 요소가 있기 때문이다. 헨리 데이비드 소로가 어떻게 《월든Walden》을 쓸 수 있었는지 알고 있는가? 그는 숲에서 살았다. 그의 주의를 흐트러뜨릴 만한 번거로운 일이 없었다. 물론 전화기도 없었다. 농담이긴 하지만 부분적으로는 맞는 말이다. 왜냐하면 우리는 어느 것에든, 누구에게든, 어느 곳에든 접근할 수 있기 때문에, 당면한 업무에 집중하기가 더욱 어렵다. 그렇기에 재택근무가 모든 사람에게 맞지는 않을 것이다.

재택근무에 성공한 사람들은 아무런 방해 없이 해야 할 일에 집중할 수 있다. 사무실에는 방해되는 것이 더 많다거나 많지 않다는 의미가 아니다. 동료가 누구인지에 따라, 당신은 집에서 더욱 생산적으로 일할 수 있다. 당신의 고양이가 사무실 출입구에 서서 지난밤 드라마 〈용의 가문^{House of the Dragon}〉에서 일어났던 일을 실시간으로 설명하지는 않을 테니 말이다.

생산성을 높이기 위한 만능 처방전은 없지만, 몇 가지 주요 지침이 있다. 생산성은 다음과 같은 몇 가지 요소로 귀결된다.

- 당신에게 가장 맞는 일하는 방법 알기
- 체계화해서 유지하기
- 산출량보다 결과에 더 가치 두기

재미있는 사실

해리 트루먼은 "누가 인정받든 상관하지 않는다면, 당신은 매우 놀라운 것을 성취할 것이다"라는 문구를 즐겨 사용했다. 그는 살아생전에 많은 인정을 받았지만, 우리가 알고 있는 것은 빙산의 일각에 불과하다.

생산형 유니콘 - 마사 스튜어트^{Martha Stewart}

누구나 알 만한 유명인이 되기 전에 마사 스튜어트는 모델 일과 아이 돌보는 일을 하며 10대 시절을 바쁘게 보냈다. 그녀는 대학 내내 모델로 일했고, 주식 중개업을 하면서 출장 요리로 야간 부업을 했다. 크라운 출판사의 편집자가 그녀의 음식 공급 능력을 직접 목격했을 때, 그녀는 재빨리 자신의 요리책 《엔터테이닝^{Entertaining}》의 계약을 따냈다. 그녀의 미디어 제국은 그곳에서 날아올랐다. 스튜어트는 더 많은 요리책을 펴내고, 자신의 텔레비전 쇼를 진행했으며, 〈오프라 윈프리 쇼〉와 〈엘렌 드제너러스 쇼〉에도 출연하는 등 일을 멈추지 않았다. 그리고 마침내 스눕독^{Snoop Dogg}과 함께 팟캐스트를 시작했다. 심지어 그녀는 5개월간 수감생활을 하는 동안에도, 감옥 수감자들과 당국 사이의 연락책이 되었다. 여러 브랜드 파트너십과 게스트 출연에 더해, 광고 그리고 딸을 키우는 것까지, 마사 스튜어트가 생산적인 사람이라는 사실을 누구도 부인할 수 없다.

우리가 경험한 것

생산적인 성공을 위해서는 어떤 방법으로 해야 할지를 알아야 한다. 이것은 결국 당신의 뇌가 방해받지 않고 가장 잘하는 일을 하고, 그에 맞는 적절한 환경을 찾는 것이다. 재택근무를 선택할 수 있다면, 어떤 상황이 당신에게 더 잘 맞는지 알아야 한다. 낮에 일할 때 당신의 생산성을 추적해보라. 언제가 가장 높고 언제가 슬럼프인지 알아보라. 그에 따라 계획을 세워라.

최상급 유지하기

신경과학자이자 작가인 타라 스와트Tara Swart는 추리, 문제 해결, 계획, 실행이 생산적인 사람들을 계속 활동하게 하는 뇌의 기능이라고 한다. 그녀는 반복적인 작업이나 지루한 업무, 지속적인 방해 또는 지나치게 야심찬 일에 직면하면 이러한 뇌의 기능들이 완전히 멈춰버릴 수 있다고 말한다.

내가 가장 좋아하는 '생산성 묘책' 중 하나는 생산성을 죽이는 일들을 제거하는 것이다. 이러한 방법은 실제로 100년 이상 활용된 것이다. 아이비 리Ivy Lee는 찰스 슈왑Charles Schwab(미국의 유명한 증권회사-옮긴이)의 임원진들이 더 많은 일을 하기 위해 더 적은 일에 집중함으로써 생산성을 극대화하는 방법을 고안했다. 그것은 간단하면서도 효과가 뛰어나다.

| 아이비 리의 방법

1단계 : 그날 끝내고 싶은 가장 중요한 일 6가지를 글로 적는다.

2단계 : 목록의 순서를 정한다. 일부 업무는 우선 작은 일부터 하
는 것이 더 효과적이다. 다른 일부 업무는 큰 일을 먼저
끝내는 것이 더 효과적이다.

3단계 : 목록에 적힌 일을 성공적으로 처리한다.

4단계 : 완성한 업무는 선을 그어 지운다. 모두가 할 일 목록을
하나씩 지워나갈 때 솟구치는 도파민을 매우 좋아한다.

5단계 : 반복한다.

내 팀의 대부분은 자신에게 효과적인 해야 할 일 목록과 생산성
전략 시스템을 갖추고 있다. 다양한 앱, 이메일 알림, 펜과 종이 등,
당신이 어떻게 작업하는지는 중요하지 않다. 중요한 것은 작업을
수행하는 것이다.

생산량보다 결과

나는 메트릭스(업무 수행 결과를 보여주는 계량적 분석-옮긴이)를 좋아
하고 확실히 나름의 근거가 있긴 하지만, 산출량으로 생산성을 측
정하는 것은 조금 구식이라고 생각한다. 그것은 공장이나 농장에서
일할 때 효과적인 방법이고, 새로운 기술 덕분에 우리는 같은 시간
에 더 많은 일을 할 수 있게 되었다. 그러나 이 방법은 기업 세계에

는 정확히 적용되지 않는다.(비록 많은 기업들이 정확히 적용된다고 생각하고 있지만.)

나는 KPI(핵심 성과 지표)의 과잉 사례를 언급했던 한 여성을 면접한 적이 있다. 그녀가 일했던 회사는 관리가 제대로 이루어지지 않고 있었기 때문에, 사장은 소위 경영 전문가라는 두 사람을 고용해서 회사를 호전시키려고 했다. 둘 중 한 명은 은퇴 후에 복귀했고 소셜미디어가 어떻게 작동하는지도 모르는 사람이었다. 내가 면접한 그 여성은 자신의 마지막 직책을 충분히 존중했지만, 자신의 영업 및 마케팅 팀에서는 토요타의 생산 방식(필요한 때에 필요한 부품만 확보하는 경영 방식-옮긴이)이 제조 현장만큼 효과가 없었다고 언급했다. 그럼에도 불구하고 그녀는 자신 일의 모든 부분을 하나의 지표로 만드는 일을 했다.

그녀는 스프레드시트와 숫자와 데이터를 가지고 있었지만, 궁극적으로 정말 중요한 것은 생산량이 아니라 결과라고 생각했다. 매주 웹사이트를 X개씩 개선하고, Y번의 우위를 초래하고, 광고 지출을 Z퍼센트 줄일 수 있지만, 사실상 추적되거나 평가되지 않는 것이 매출을 올리는 방법이었다. 그녀는 스프레드시트를 계속 업데이트하거나, 앞서기 위해 더 나은 의사소통 방식을 찾거나, 디지털 광고를 A/B 테스트해서 효과적으로 작동하거나 작동하지 않는 것이 무엇인지를 조사하는 '비생산적인' 일에 시간을 낭비하지 말라는 말을 들었다. 생산량을 추적하면 창의성이나 혁신을 발견할 여지가 많이 없다. 그러나 결과에 집중하면, 진정으로 의미 있는 생산성이 일어날 수 있다.

유니콘이 전하는 말

설문조사에 따르면 5.72퍼센트의 응답자가 자신이 현저하게 생산적이라고 답했다. 당연히 그들은 가장 강력한 답변과 생산성을 높이는 요령을 가장 많이 제공한 사람들이다.

| 생산적인 육아 관점

우리가 발견한 한 가지는, 부모가 되는 것이 생산성을 최고조로 끌어올린다는 것이다.

어맨다 B.는 이렇게 말한다. "생산성에 관한 사고방식이 가장 크게 변화한 때는 아이들을 가졌을 때였어요. 제가 직장에서 많은 시간을 낭비하고 있다는 것, 정신이 딴 데 팔려 있다는 것, 그리고 중요하지 않은 것들에 시간을 투자하고 있다는 사실을 깨달았어요. 저는 가장 중요한 일에 집중하고, 프로젝트를 진행하는 데 뭉텅이 시간을 바치고, 에너지를 어디에 쏟아야 하는지 우선순위를 정하고 나서 아이들과 더 많은 시간을 보낼 수 있었습니다."

케이시 C.는 다음과 같이 말한다. "저는 항상 생산적이었다고 생각하지만, 엄마가 되고 나서 훨씬 더 생산적이 되었어요. 저의 시간을 균형 있게 사용하면서 일을 성사시키기 위해 가장 효과적인 방법을 찾았어요. 시간을 다투는 여러 개의 책무 때문에, 일은 기한 내에 완료해야 하거든요."

| 업무 성사시키기와 존경심 이끌어내기

제이미 G.는 다음과 같이 말한다. "저는 시간과 에너지 관리를 배웠습니다. 저는 하루에 생산할 시간이 많지 않습니다. 저는 일 자체에 시간을 쓰는 것을 좋아하지 않아요. 결과를 생산하는 데 시간을 투자하는 것을 좋아하죠. '바쁘다'고 느껴지면 차라리 쉬면서 평가를 합니다. 저는 생산적인 사람이 되고 싶어요."

스테파니 R.은 자신의 생산성이 고용 안정성에 도움이 된다고 말한다. "수년에 걸쳐 저의 일을 대신하려면 한 명 이상의 사람이 필요하다는 말을 자주 들었습니다. 저는 대부분의 사람들이 6시간에서 8시간 걸리는 일을 4시간 만에 끝낼 수 있습니다. 저는 높은 책임감을 지닌 성취자이고 성과를 내는 것을 좋아합니다."

제니퍼 J.는 자신의 생산성이 상사의 존중과 신뢰를 얻는 데 도움이 되었다고 말한다. "저는 첫 18개월을 팀원들과 상사와 떨어져 다른 도시에서 일했습니다. 이 업무 계획이 성공적이라는 것을 보여주어야 했습니다. 저는 또한 조직에 완전히 새로운 부서를 만들고, 거의 처음부터 팀을 구축하고, 다음 2년간의 계획을 세웠습니다. 장장 두 달에 걸친 목표를 정해 상사와 그것들을 공유하기 시작했고, 두 달마다 모든 프로젝트에 대한 사전 보고서와 그다음 두 달

동안 달성할 목표들을 이메일로 보냈습니다. 또한 제 목표 목록에는 없었지만 제가 달성했던 추가 프로젝트들도 공유했습니다. 이것은 2가지 목적에 도움이 되었어요. 제가 멀리 떨어져 있음에도 불구하고, 제가 기여하고 있고 해내고 있는 모든 것을 저의 상사가 확실히 알 수 있었어요. 또한 앞으로 나아가야 한다는 책임감을 가지게 되었고, 상사는 프로젝트가 진로에서 벗어났다 싶으면 나의 전략에 관여할 수 있었습니다. 4년이 지난 지금, 저는 제 팀과 함께 현장에 있지만 여전히 1년에 여섯 번씩 이 보고서를 작성합니다. 상사는 그것이 자신에게 얼마나 도움이 되는지를 저에게 여러 번 말했어요."

마를렌 A.는 생산성 덕분에 관리자들에게 신뢰를 얻고 있다고 말한다. "저는 시간을 매우 효율적으로 사용하려고 노력합니다. 저는 모든 이메일과 전화에 응답하는 것을 포함해서, 이메일을 분류하고 우선순위를 정하는 시스템을 가지고 있어요. 저는 우선 무엇을 해결해야 하는지 알고 있습니다. 하루 동안 다른 프로젝트들이 끼어드는 경우가 자주 있지만, 저는 여전히 다른 사람들과의 의사소통을 최우선 과제로 삼고 있어요. 제 관리자들은 제가 프로젝트를 맡으면, 제 시간에 잘 마칠 거라고 굳게 믿고 있습니다."

채용 담당자들이 생산성이 뛰어난 사람을 선호하는 이유

생산성은 추적될 수 있으며, 모든 관리자는 측정된 것이 팀 전체에 긍정적인 영향을 미친다는 사실을 알고 있다.

직장에서 생산성을 함양하는 요령

- 일정을 빡빡하게 세우지 마라. 직관에 어긋나게 들릴 수도 있지만, 연구에 따르면 근로자들은 자신의 조건에 맞게 더 유연하게 일할 때 생산성이 더 높다.
- 생산성이 좋다고 해서 그다음 프로젝트를 떠안기지 마라. 팀원이 업무를 완료하고 기대 이상의 성과를 거두면, 더 많은 일을 떠넘기는 것이 아니라 시간이나 명예로 보상하라.
- 책임 있는 시간 관리 능력을 보여줘라.
- 업무 회의는 짧게 해서 모든 사람의 시간을 존중하라.

우리가 하는 일

유니콘은 생산적일 뿐만 아니라 생산적이 되는 최상의 방법을 알고 있다.

달성 가능한 매일의 목표를 가져라

브렛 R.은 당신에게 가장 적합한 해야 할 일 목록을 찾으라고 말한다. "저는 해야 할 일 목록을 항목별로 분류하고 면밀하게 우선순위를 정하는 법을 배웠습니다. 여러 디지털 시스템을 사용하면서, 색인 카드에 목록을 직접 적는 것이 각각의 일을 처리하고 그것들을 기억하는 데 도움이 된다는 사실을 알았습니다. 또한 내가 매일 해야 하는 일을 볼 수 있도록 책상에 그 색인 카드를 놔두었습니다. 한 번에 한 업무씩 집중해서 끝낸 다음, 그다음 업무로 넘어갑니다. 저는 (대부분의 작업에서) 멀티태스킹을 하면 집중력이 분산되어서 덜 효과적이며, 결국 그것에 최선의 노력을 기울이지 못한다는 것을 알았습니다."

안젤라 S.는 목록을 신뢰한다고 말한다. "목록을 만드는 것이 저의 작업 방식입니다. 해야 할 일 목록이든, 찬성과 반대 목록이든, 식료품 목록이든 상관없이, 생산적이 되려면 도달하고자 하는 목표와 날짜가 있어야 해요. 바쁜 업무에 휘말려 생산적인 프로젝트와 업무를 잊어버리기 쉽거든요. 저의 좌우명은 '중요한 것을 중요한 것으로 유지하라'입니다."

테리 L.은 당신이 목표를 세우고 집중하는 방법에 상관없이 조직
화가 중요하다고 말한다. "제 생산성을 향상시키는 데 기여한 가장
좋은 방법 중 하나는 조직화였습니다. 달력의 특정한 날에 무엇을
적어놓았는지 인식하면, 결코 맹목적이 되거나 준비가 미비한 상황
은 일어나지 않습니다."

그는 또한 회의하는 동안 집중력을 유지하는 훌륭한 기술을 갖
고 있다. "산만해지지 않도록, 회의에 절대 노트북을 갖고 들어가지
않습니다. 항상 펜과 공책을 가져가죠. 또한 하루 동안 회의와 회의
사이의 간격을 길게 두어, 무리하게 약속을 잡지 않으려고 노력합
니다. 저는 완벽하고는 거리가 먼 사람이지만, 이것이 제가 궤도를
유지하며 높은 성과를 생산하는 데 도움이 되었습니다."

너 자신을 알라

메이슨 P.는 자신의 일하는 방식을 아는 것이 생산성의 잠재력
을 여는 데 중요하다고 말한다. "생산성을 유지하는 가장 좋은 요령
들 중 하나, 당신 업무의 리듬을 인식하고 시즌에 따라 정기적으
로 그 리듬을 결정하는 방식을 평가하는 것입니다. 현재 시즌의 제
약에 따라, 당신의 계획에 얼마나 많은 시간을 할애할 것인지를 조
절함으로써, 생산성을 유지하고 심지어 높일 수도 있습니다. 단순
히 '바쁘다'는 것이 생산적인 것은 아니므로, 정기적으로 효율성을

평가하는 것은 좋은 품질을 생산하는 데 중요합니다."

필요한 만큼 많은 전략을 시도하라

빅토린 M.은 다음과 같이 말한다. "몇 년 전, 저는 직장에서 일할 때 완전히 형편없는 습관을 갖고 있었습니다. 목표를 세울 때마다 항상 미룰 핑계를 찾고 있었기 때문에 목표 달성에 실패하곤 했죠. 저는 생산성이 저하고는 상관없는 것이라고 생각했습니다. 무언가 바뀌어야만 했어요. 그래서 저는 연구와 자기 발견의 여정에 올랐고 마침내 삶을 바꾸는 생산성에 집착하게 되었어요. 성공적인 사람들이 어떻게 생산성을 높였는지 깊이 파고들었습니다. 50가지가 넘는 생산성 향상 요령과 전략 목록을 만들어서 살펴보고 나에게 효과 없었던 것들에 주목했습니다. 저는 효과 있는 목록을 실행해서 제 삶을 바꾸었습니다. 저는 이제 스스로를 생산적인 사람, 문제 해결사 그리고 제 주변과 넓게는 세상의 도전 과제를 해결하는 사람이라고 부를 수 있습니다. 예전에는 결코 가능하다고 생각지 못했던 목표들을 달성했으니까요."

빅토린은 생산성을 유지하는 몇 가지 실용적인 방법을 공유한다.

1. 매일 가장 중요한 3가지 업무를 적는다.
2. 방해 요소들을 제거한다.
3. 멀티태스킹을 중단한다.

4. 완벽주의자가 되려고 하지 않는다.

5. 더 일찍 일어난다.

6. 운동을 한다.

7. 추구할 만한 의미 있는 목표를 세운다.

8. 모든 것을 당신 혼자 하지 않는다.

9. 참석할 회의 수를 줄인다.

생산적인 유니콘이 되기 위해 필요한 사항

- 생산적인 것과 바쁜 것은 다르다는 것을 알아야 한다.
- 모든 사람들은 서로 다른 생산성 묘책을 가지고 있다. 그것들을 모두 시도해보고 자신에게 효과 있는 것을 찾아라.
- 당신의 생산성을 추적하라. 연말 평가와 업무 관련 의사소통에 적합할 뿐 아니라 자신에게도 가장 적합한 것이 무엇인지 스스로 알 수 있다.
- 행복한 노동요를 부르면 생산성에 도움이 된다. 당신의 동료들과 숲속 친구들이 함께 참여한다는 점을 명심하라.

BE THE

12장

목적 지향적인 유니콘

The Purpose-Driven

UNICORN

목적 지향적인 유니콘

"저는 아직 제가 이루고 싶었던 것을 다 이루지 못한 것 같습니다. 비록 여러 소녀들로부터 '코딩하는 소녀들Girls Who Code'(많은 여성들이 컴퓨터 산업에 진출할 수 있는 환경을 만들기 위한 비영리 운동-옮긴이) 덕분에 자신들의 삶이 많이 달라졌다는 메일을 매일 받고 있지만요"라고 레시마 사우자니Reshma Saujani는 말한다. "저는 아직 완수하지 못했어요." 사우자니는 난민의 딸로 미국이 그녀의 가족에게 준 기회들에 감사하며 성장했다. 그녀는 여기에 보답하고자 하는 마음이 초기의 추진력이 되었고, 공공 서비스에 대한 자신의 열정에 영감을 주었다고 말한다. 사우자니가 '코딩하는 소녀들'을 결성한 목적은 여성과 소녀들이 남성과 같은 기회와 급여를 받을 수 있도록 힘을 실어주기 위해서였다. 코딩 수업을 제대로 받은 소녀들이 부족해서, 기술직에 여성들이 부족한 사태를 보고, 사우자니는 무언가를 하기로 했다.

"미국 여성들이 식탁에 음식을 올리기 위해, 그리고 융자금을 갚기 위해 일할 것이라면, 급여를 잘 받을 수 있고 가치에 상응하는 대우를 받을 수 있는 직업을 가져야 합니다. 그것이 바로 제가 컴퓨터를 사용하는 직업을 크게 옹호하는 이유입니다. 왜냐하면 그것들이 바로 그러한 직업이기 때문이죠."

사우자니는 아메리칸 드림이 누구에게나 어떻게 가능할 수 있는지 보여주는 살아 있는 본보기다. 그녀는 이민자, 여성, 청소년 등 모든 사람들을 위한 공간을 마련하는 데 열정적이다. 그녀는 다양성이 혁신과 문제 해결의 열쇠라고 믿는다. 이것 때문에 사우자니는 더 많은 여성들이 기술 분야에 투입되어야 한다고 생각한다.

"암을 치료하고 싶다면, 우리는 여학생들에게 코딩을 가르쳐야 합니다. 기후 변화에 대해 무언가를 하고 싶다면, 여학생들에게 코딩을 가르쳐야 합니다. 우리 도시와 나라 곳곳의 노숙자 문제를 해결하고 싶다면, 여학생들에게 코딩을 가르쳐야 합니다. 그들이 변화를 만드는 사람들입니다."

우리 회사에 입사한 모든 사람들은 임금 삭감을 받아들였다. 그런데도 우리 회사는 '가장 일하기 좋은 곳'과 '최고의 기업문화'로 계속 상을 받는다. 왜냐하면 사람들은 우리의 대의를 보고 입사하고, 우리는 돈보다 명확한 대의에 의해 움직이는 사람들을 고용하기 때문이다. '왜'라는 의문에 대한 감각을 발전시키면 당신이 하는 '무엇'을 가속화할 것이다. 이 장은 '왜'에 대한 감각을 개발하는 방법을 알려주고, 당신이 승리하고, 대체 불가한 사람으로 성공하는 데 도움을 줄 것이다.

우리가 알고 있는 것

2018년, 태국 낭논 국립공원의 동굴에 갇힌 12명의 소년들과 그들의 축구 코치에게 세계의 시선이 고정되었다. 동굴은 예기치 않게 물에 잠겼고, 구조대가 동굴 입구에 도착해서 소년들의 자전거와 신발을 발견했을 때, 그들은 뭔가 잘못되었다는 것을 알았다. 몇 시간 안에 태국 해군 특수부대가 배치되었다. 며칠 내에 전 세계에서 도움의 손길이 전해졌다.

동굴 구조는 논쟁의 여지없이 목적이 명확한 상황이었다. 바로 소년들을 구조하는 것이다. 회색 지대도 없고, 정치적인 불안도 없었다. 각국은 그들을 돕기 위해 달려갔다. 영국에서 동굴 구조 다이버 자원봉사자들이 도착했으며, 18일 동안 전 세계로부터 1만 명 이상의 목적 지향적인 사람들이 구조 작업을 지원했다. 지역 주민들은 자원봉사자들을 위해 요리하고 빨래했다. 근처의 농부들은 동굴에서 물을 끌어내는 작업으로 인해 자신들의 밭이 물에 잠기고 농작물이 망가지는 것에 동의했다. 소년들의 반 친구들은 모여 철야 기도를 하고 천 개의 종이학을 접었다. 수많은 정부기관들의 원조, 방콕에서 파견된 최고 수준의 수도 기술자들, 그리고 궁극적으로 100명의 자원봉사자 다이버들이 13명 모두를 기적적으로 구조했다.

구조 임무를 책임지고 있었던 공무원 나롱삭 오사타나콘은 다음과 같이 말했다. "우리에게 힘이 있었기 때문에 성공했습니다. 바로 사랑의 힘입니다. 모든 사람들이 13명에게 사랑을 보냈습니다."

사랑이 최고의 목적이 아니라면, 과연 최고의 목적이 무엇인지 모르겠다.

일상적인 목적

탐 루앙 동굴 조난과 같은 사건들은 다행스럽게도 정말 드문 일이다. 그러나 당신이 목적 지향적인 사람이 되기 위해 세계적인 규모의 재난에 뛰어들 필요는 전혀 없다. 일상적인 목표들이 목적 지향적인 행동을 이끈다. 유일한 차이점이라면 이러한 목표들은 각각의 부분들을 합친 것보다 더 가치 있다는 것이다.

유니콘은 직업적인 성공이 2가지에 달려 있다는 것을 안다.

1. 당신은 강한 목적의식을 갖고 있다.
2. 당신의 목적과 일치하는 목적을 가진 조직을 찾는다.

목적의식을 가지면 무엇을 할 수 있는지 잠시 생각해보라. 코넬 대학교의 앤서니 버로^{Anthony L. Burrow}는 오랜 학문 경력을 여기에 바쳤다. 목적을 갖는 것에는 실질적인 이점들이 있는데, 그중 가장 주된 것은 목적이 있는 사람들이 더 오래 산다는 사실이다. 그러나 실제로 이 통계의 이면에 있는 것은 무엇일까? 버로는 목적을 가지면 사람들이 심리적인 안정을 유지한다는 사실을 알아냈다. 한 연구에서 그는 목적을 가진 사람들이 긍정적인 상황과 부정적인 상황 둘다에 더욱 침착하게 반응한다는 사실을 발견했다.

직장에서의 목적

맥킨지^{MaKinsey}는 팬데믹 이후 직장에서 의도적으로 철저한 분석을 진행했다. 그들은 코로나19로 인해 근로자들의 약 3분의 2가 직장과 삶에서 자신들의 목적을 재평가하게 되었다는 사실을 발견했다. 그렇게 해서 나타난 현상이 대퇴직이다. 그런데 이것은 오히려 개인과 조직 모두에게 좋은 일이 되었다. 자신들의 목적이 무엇인지 밝히고 정의할 수 있었기 때문이다. 대퇴직의 가장 좋은 결과는, 과일 바구니 뒤집기(어린이 게임의 일종, 개인이 사회집단과 통합할 수 있다는 일종의 비유로 쓰인다.-옮긴이) 게임처럼 사람들이 한 직장에서 뛰쳐나와 자신들의 목적과 일치하는 회사를 찾아간 것이었다.

맥킨지의 연구에 따르면 직원들이 자신의 목적이 조직의 목적과 부합한다고 느낄 때의 이점은 "직원 참여 강화, 충성도 강화, 다른 사람들에게 회사를 추천하려는 더 큰 의지"라고 한다. 당신에게 목적이 있고 그 목적을 공유하는 조직을 찾으면, 당신과 고용주 모두에게 이익이 된다.

〈서틴 라이브스^{Thirteen Lives}〉(2022년)는 탐 루앙 동굴 조난 사건을 기반으로 만든 론 하워드의 영화이다. 비고 모텐슨과 콜린 파렐은 갇힌 소년들을 처음 발견하는 영국인 동굴 잠수부들을 연기한다. 모텐슨은 〈버라이어티〉와 인터뷰에서 이 영화는 "오늘날 대부분의 사람들, 특히 정치인들이 생각하는 방식과 반대로 사람들이 좋은 방식으로 생각할 때 무슨 일이 일어날 수 있는지를 보여주는 좋은 예"라고 말했다.

우리가 경험한 것

우리 회사의 비전은 직원들에게 고용, 보상, 승계, 문화, 컨설팅 등 성장을 위한 솔루션을 제공함으로써 더 큰 목적을 가진 팀에 봉사하는 것이다. 우리는 50개 이상의 기독교 교파들과 함께 일해왔는데, 각 교단은 고유한 신념과 요구를 가지고 있다. 그래서 나는 우리의 목적과 부합하는 지원자를 찾는다. 우리가 중요하게 여기는, 모든 믿음에 대한 존중이 부족한 지원자는 아무리 이상적인 능력을 갖췄어도 채용하지 않는다.

이것이 조직이나 개인으로서 목적을 추구하는 것이 매우 중요한 이유다. 명확히 정의된 '왜'는 많은 시간과 마음의 상처를 줄일 수 있다. 당신은 조직을 위해 마케팅 에이전시를 고용해본 적이 있는가? 고용한 적이 있다면, 장담컨대 그들은 가장 먼저 당신의 임무와 비전과 가치를 정의하라고 제안했을 것이다. 이것은 단지 15만 달러와 8시간짜리 맞춤형 검색 세션을 받기 위해서가 아니다. 올바르게 정의된 사명, 비전, 가치는 당신이 비즈니스에서 내리는 모든 결정에 영향을 미치기 때문이다. 이러한 것들은 회사의 시금석이 되는 목적을 제공한다.

유니콘이 전하는 말

설문 응답자들 중 11.3퍼센트는 자신이 주로 목적에 따라 움직인다고 답했다. 목적 지향이 그들의 삶의 방식이다.

| 집중력 강화와 의사 결정

뎁 S.는 항상 목적을 가지고 살아왔지만 부상으로 인해 자신의 목표를 좁힐 수밖에 없었다. "저는 항상 목표 지향적이었습니다. 호기심을 갖고, 명확한 우선순위를 설정하고, 일정에 여유를 두면서 더욱 효과적으로 해내는 법을 배웠습니다. 눈 부상으로 인해 속도를 늦출 수밖에 없었을 때 시간상으로 우선순위를 정하는 법을 배웠습니다. 6주 동안 두 번의 눈 수술 후 시력이 떨어졌어요. 이제까지와 같은 방식으로는 일할 수 없었죠. 저는 프로그램을 진행하고 제가 모시는 분들의 요구 정도만 충족시키는 법을 배웠습니다. 대부분의 이메일 읽는 것을 포기하고 최고의 시간대에 가장 힘든 일을 하도록 계획을 세웠기 때문에 제 인생 전체는 좀 더 초점을 맞추게 되었습니다. 그로 인해 내부 스트레스를 줄이고, 팀 내 의사소통을 더 명확하게 하게 되었고, 더 큰 효과를 내고 있습니다."

애덤 J.는 목적의 힘에 동의하며 다음과 같이 말한다. "왜 일하는지에 대한 동기를 알고 매일 그것을 마음의 중심에 두면 결국 의사결정, 우선순위 지정, 시간 관리 방식을 변화시킬 수 있습니다. 심지어 회복력과 만족감과 같은 정서적 반응에 영향을 미치기까지 합니다."

"저는 인격보다 원칙에 초점을 맞추는 법을 배웠어요"라고 그렉 M.은 말한다.

유니콘 조 M.은 다음과 같이 말한다. "제가 추진하는 목적이 무엇인지 파악하는 데 정말로 도움을 준 멘토가 있습니다. 그는 항상 그 이유를 찾으라고 말했어요. 덕분에 저와 제 팀은 업무에 전념하게 되었습니다. 그 이유에 답할 수 없다면, 당신은 그 일을 해서는 안 됩니다."

| 목적 재활성화

로이 R.은 목적 지향적인 것이 프로젝트에 활기를 불어넣는다고 말한다. "진짜 이유를 알면 더 효과적으로 일할 수 있고 더 나은 혜택을 얻을 수 있습니다. 비록 도전에 맞닥뜨리기는 하지만 성장과 새로운 지식을 얻을 수 있습니다. 우리는 해마다 참여율이 줄어들고 있는 프로그램을 하나 운영하고 있었습니다. 프로그램의 실제 목적을 살펴봄으로써, 우리는 그것을 다른 방식으로 바라보고 우리가 도달하고자 하는 사람들과 더 잘 소통할 수 있게 되었습니다. 그러자 프로그램에 참여할 사람들뿐만 아니라 조직 내에서도 그것에 대해 더 많은 열정을 보였습니다."

▮ 다른 사람들을 돕는다

"저는 다양성 및 포용 그리고 경영진 관리 분야의 전문가로 불려왔어요"라고 마커스 H.는 말한다. "저는 회장과 CEO로 재직하면서 조직의 프로그램을 통해 만 명이 넘는 젊은이와 가족들의 삶에 영향을 끼쳐왔습니다. 저는 열정 덕분에 많은 사람들에게 긍정적인 변화를 줄 수 있는 위치에 서게 되었습니다."

"저는 목적을 발견하는 데 시간이 좀 걸렸고, 목적을 발견한 후에도 그것대로 살 의도는 없었어요"라고 루디 L.은 말한다. "제 삶이 끝날 수도 있었던 건강에 대한 두려움에 직면한 후, 마침내 어떤 대가를 치르더라도 목적을 추구할 수 있는 자신감을 얻기까지 몇 년이 더 걸렸어요. 저는 마침내 제 목적대로 살기 시작했습니다. 제 삶에 더 만족하게 되었고, 결과는 엄청났습니다. 제 행동은 전 세계 수천 명의 사람들에게 직접적인 이익을 가져다주었으니까요."

채용 담당자들이 목적 지향적인 사람을 선호하는 이유

자신의 개인적인 목적과 회사의 목적을 아는 것이 그 자리에 가장 적합한 사람을 찾는 첫 단계이다. 이러한 것들이 화합할 수 있는지 확인하면 채용 담당자와 회사의 시간, 에너지와 비용이 절약될 것이다.

목적 지향적인 직장을 만드는 요령

· 당신의 임무를 명확하게 하라.

· 당신과 팀에게 동기 부여를 하는 것이 무엇인지 이해하라.

· 목적을 실현하는 팀원들을 '발견'하면 그것을 기념하라.

목적 지향형 유니콘 - 레이마 그보위^{Leymah Gbowee}

그보위가 조국을 14년 동안 황폐하게 만들었던 내전을 끝냈을 때, 그녀는 서아프리카 라이베리아에 사는 젊은 엄마였다. 잔혹한 내전은 대통령(독재자)인 찰스 테일러와 부족의 군벌들 간에 일어난 것이었다. 수천 명이 죽고, 훼손되고, 강간당했으며, 집은 불타고, 아이들은 군대에 강제 징집됐으며, 사회기반 시설과 안전은 폐허 속에 버려졌다. 어느 날 밤, 그보위의 꿈속에 하느님이 나타나 "여자들을 모아 기도하라!"고 말씀하셨다. 그보위는 자신이 다니던 루터 교회에서 여성들을 결집시켰다. 그런 다음 전국에서 평범한 기독교인과 이슬람교도 여성들을 모았다. 모두 자신과 아이들을 위해 더 나은 삶을 바랐던 여성들이었다. 그들은 중앙 관저 건너편 들판에 앉아 있는 것을 포함해서, 수개월 동안 비폭력 시위에 참여했다.

테일러는 마침내 여성들과 만나기로 동의하고 평화회담에 참석하기로 약속했다. 평화회담이 무산되었을 때, 호텔 밖에서 평화롭게 지켜보던 그보위와 수백 명의 여성들은 남자들이 회의하고 있던 방의 입구로 행진했다. 남자들이 합의 없이 떠나려고 하자, 그보위는 평화협정이 체결될 때까지 남자들이 떠나지 못하도록 하겠다고 발표했다. 며칠 안에 평화협정이 맺어졌고, 2003년 8월 18일, 라이베리아 내전은 끝이 났다. 2011년, 그보위는 노벨 평화상을 수상했다.

우리가 하는 일

우리는 회의할 때마다 우리의 비전과 관련된 이야기부터 지난 한 주 동안 회사에서 우리의 가치가 어떻게 실현되었는지에 대해 논의한다. 이것은 우리의 목적이 다른 사람들에게 어떻게 보여지는지를 공유할 수 있는 좋은 기회다. 나는 골프장이나 저녁을 먹으러 나갔을 때 우연히 마주친 일에 대해 팀원들에게 이야기하곤 한다. 거의 항상, 나는 우리와 우리의 경이로운 팀에 관해 들어본 적이 있는 누군가를 만나곤 한다. 이것은 우리의 목적이 우리보다 앞서 있다는 것을 말해준다. 그런 다음 우리는 '이동 중인 컨설턴트'와 연락한다. 컨설턴트들 중 한 명이 줌으로 들어와서 그들이 함께 일해 온 고객에 대한 업데이트를 우리에게 제공할 것이다. 그들은 고객이 우리와 공유하는 다양한 가치와 다른 긍정적인 소식에 대해 논의할 것이다. 그런 다음 팀원들 중 한 명이 일어나서 그 주에 우리의 가치를 실행에 옮긴 동료에 대해 이야기할 것이다. 세상에서 사무실까지, 우리의 목적은 작동하고 있다.

나의 목적은 무엇인가?

목적 지향적인 사람이 되기 위해서는, 자신의 열정과 관심 사항을 잘 알아야 한다. 외부의 힘으로 목적 지향을 강요하기는 사실상 불가능하다. 목적은 내부에서 나온다.

당신의 목적이 무엇인지 확신이 서지 않는다면, 지도자들을 떠올려보는 것이 도움이 된다. 뛰어난 윌리 M.은 다음과 같이 말한다. "목적 지향적인 삶의 모델이 될 만한 사람을 찾은 것이 제게는 엄청나게 도움이 되었어요." 자신의 목적을 분명하게 말할 수 없다면, 당신이 존경하는 사람들의 목적을 시도해보고 당신에게 맞는지 알아보라. 그러면 당신이 무엇을 원하고, 무엇을 원하지 않는지를 빨리 알게 될 것이다.

이유를 스스로에게 물어보라

유니콘들은 '왜'라고 물어보는 것을 좋아한다. 이러한 사례는 너무 많은데, 그중에 내가 좋아하는 몇 가지가 있다.

로버트 M.은 다음과 같이 말한다. "이유도 모른 채 지금 뭔가를 하고 있다면 당신은 그저 바쁘기만 한 것입니다. 리더로서 제 역할은 팀원들이 그 이유와 목적을 확실히 깨닫고, 그것을 달성하기 위해 속도를 높이고, 비전을 중심으로 목표를 달성하도록 만드는 것입니다."

톰 I.는 이렇게 말한다. "'왜'라는 질문에 대답할 수 있다면 정확히 무엇을 해야 하는지도 알 수 있습니다. 리더로서 조직에도 명확하게 설명할 수 있습니다. 저는 우리가 팀으로서 내리는 모든 결정에 대해 '왜'라는 질문을 끈질기게 함으로써 무엇을 해야 하는지를 더 잘 알게 되었습니다."

데니스 C.는 다음과 같이 말한다. "'왜'라고 물음으로써 저는 다른 모든 분야에서 탁월한 사람이 될 수 있었습니다. 이유나 목적이 없다면 모든 것은 무의미합니다. 진정한 성취는 목적에 있습니다."

윌리엄 B.는 다음과 같이 말한다. "저는 일찍부터 우리가 많은 시간을 보장받지 못한다는 사실을 배웠습니다. 그러므로 사소한 것들에 많은 시간을 쓸 필요가 없습니다. 단지 방해물에 지나지 않는 것에 시간을 집중할 필요가 없습니다. 우리가 왜 존재하는지, 왜 여기 있는지, 목적이 무엇인지 알아야 합니다. 그런 다음 그것을 성취하기 위해 조직하고 협력할 필요가 있습니다."

핵심을 압축해서 훈련하라

일단 목적이 생기면 그것을 꼭 잡고, 계속 마음에 두고 잊지 마라. 목적을 가능한 몇 단어로 압축한 다음, 기회 있을 때마다 그것을 반복하라.

유니콘들은 자신들의 목적을 명확하게 알고 있다. 브라이언 M.은 이렇게 말한다. "저는 나만의 개인적인 비전과 가치를 만들었습니다. 그리고 나 자신을 계속 다잡기 위해 이것을 매주 반복해서 읽습니다."

또 다른 브라이언 M.은 자신의 목적은 자신이 의사소통을 얼마나 잘하는지를 보여주는 일종의 지표 역할을 한다고 말한다. "저와 제 팀의 목적을 다른 사람들이 기억하고 효과적으로 공유할 수 있도록 최대한 단순화하는 것이 중요합니다. 저는 제 목적을 두 단어로 요약했습니다. 이것은 새로운 팀원들에게 빠르고 명확하게 전달하는 데 도움이 됩니다. 우리가 무엇을 하는지 팀원들에게 물어보았을 때 이 두 단어가 측정기로 사용될 수 있습니다. 그들이 두 단어로 대답한다면, 제대로 이해한 것입니다. 그 두 단어로 대답하지 못한다면, 다른 사람들에게 우리의 목적을 더 잘 설명해야 한다는 뜻이죠. 이러한 명료함이 저의 리더십과 팀에 가장 큰 영향을 끼쳤습니다."

당신의 목적을 정기적으로 체크하라

뛰어난 게리 R.은 이렇게 말한다. "저는 매일 이유를 스스로에게 상기시킵니다. 저는 이 일을 일반화된 목적의식에서 나만의 독특하고 구체적인 목적으로 진전시킵니다. 이것은 제 마음과 영혼의 중심을 잡아주어서 하루 동안의 제 목표에 다시 초점을 맞출 수 있습니다. 그러면 흔히 창작자들의 전유물로 악명 높은 의미 없는 몽상을 멈추고, 대신 나의 목적을 충족하는 최고의 방법을 생각할 수 있습니다."

당신의 목적이 그 일을 하게 하라

설령 그것이 포스트잇 쪽지나 노트에 (심지어 당신 이마에) 도배되어 있다 하더라도, 적극적으로 당신의 목적을 확인하는 것이 필수이다. 목적이 기준이 될 때, 일관된 의사 결정을 할 것이다. 뛰어난 앤드루 M.은 목적이 있었기에 어려운 일도 해냈던 경험을 이야기 해주었다. 그의 리더는 그와 팀원에게 다음과 같이 가르쳤다. "행사를 열거나 특정 활동을 절대 하지 말라, 단순히 그것을 하기 위해서 또는 '항상 해오던 방식'이기 때문이라면 더더욱 하지 말라고 말이죠. 대신 우리의 목적을 명심해야 했습니다. 그것을 염두에 두고 서비스, 행사, 야유회, 그리고 소규모 모임을 계획했죠. 그 결과, 우리 팀은 통합되었고 번창했습니다."

몇 년이 지난 지금도 앤드루는 여전히 이 기술을 사용한다고 말한다. "저는 이후로 제가 맡은 역할에 그러한 교훈들을 적용해서 비슷한 성공을 거두었습니다. 그것은 목적 지향적인 리더십이 효과적인 팀의 근본적인 구성 요소라는 사실을 보여줍니다. 간단히 말해서 적절한 관점을 가지면 업무와 목표에 계속 집중할 수 있다는 것입니다."

"목적 지향은 내가 맡은 일에 계속 정진하도록 이끌기 때문에 다른 11개의 특성을 더욱 발전시킬 수 있는 동기 부여를 합니다"라고 브라이언 L.은 말한다. "신속하고, 진정성 있고, 민첩하고, 해결사이고, 예측가이고, 준비되고, 자기 인식이 높고, 호기심 많고, 연결하고, 호감을 주고, 생산적인 자질은 저의 핵심 목적을 더욱 효과적으로 이루는 데 도움이 됩니다. 목적 지향은 나머지 모든 자질에 영감을 줍니다."

응답자의 11퍼센트 이상이 자신은 목적 지향적이라고 말했다. 그것은 놀라운 일이 아니다. 자신의 목적이 무엇인지 정확히 알지 못하는 사람이 유니콘이 될 수는 없다. 목적은 진정한 유니콘이 되기 위해 유니콘의 나머지 특성들을 (비록 특성들이 약할 수도 있겠지만) 발휘하는 데 필요한 열정을 준다.

목적 지향적인 유니콘이 되기 위해 필요한 사항

- 자신의 목적과 이유에 부합하는 직장을 찾아라. 그러면 된다. 나머지는 저절로 제자리를 찾을 것이다.

다음은 무엇인가?

맨해튼 섬의 맨 위 끝에는 메트로폴리탄 박물관의 분관으로 중세미술과 건축물을 전시하고 있는 클로이스터스The Cloisters 박물관이 있다. 클로이스터스의 가장 큰 매력 중 하나는 유니콘 태피스트리다. 16세기 말에 만들어진 복잡하게 짜인 일련의 벽걸이로, 추측하다시피 유니콘과 그들을 포획하는 장면을 묘사하고 있다. 비록 유니콘의 이야기는 사냥개들, 마법의 뿔을 잡으려고 아우성치는 사람들, 유니콘의 죽음 등으로 이루어지긴 했지만, 마지막 판은 값비싼 비단 장식 옷깃을 착용하고 과일 나무 아래 목가적으로 앉아서, 자신의 새로운 자리에 만족한 듯 보이는 다시 생명을 얻은 유니콘을 보여준다. 사람들은 이 유니콘을 원한다. 사람들은 이 유니콘을 추구한다. 이제 유니콘은 그가 얼마나 특별한지 아는 사람들에 의해 기념되고, 가치 있는 명예로운 장소에 자리 잡고 있다.

나는 이 책이 바로 그런 곳을 찾는 데 도움이 되기를 바란다.

내가 직장에서 자주 사용하는 관용구가 있다. "당신이 한 명의 고객을 봤다면, 그저 한 명을 본 것뿐입니다." 우리가 함께 일한 적이 있는 비영리 단체나 교회, 그 밖의 어떤 단체도 예전과 똑같지 않다는 뜻이다. 나는 한 번도 "이 고객은 우리가 2년 전에 함께 일했던 또 다른 고객과 같은 유형이야. 그때와 같은 식으로 진행하면 될 것 같아"라고 말하지 않는다. 모든 조직은 저마다 다르다.

우리는 어떤 도전들이 기다리고 있는지 예측할 수는 없지만, 그 도전들에 대비할 수 있다. 12가지 특성을 개발하고 성장시키면, 당신은 준비한 것 이상으로 잘해낼 것이라고 장담한다. 당신은 리더, 현자, 선지자가 될 것이다. 당신은 유니콘이 될 것이다.

_____∧_____
감사의 말

이 프로젝트에는 한 분의 이름만 표지에 올리기에는 너무나 많은 사람들이 참여했습니다. 밴더블로맨 팀의 지치지 않는 노력이 없었다면 이런 일은 절대 일어나지 않았을 것입니다. 15년 전 조직이 출범한 이래로, 사람들이 함께 모여 솔루션을 제공함으로써 고객이 더 멀리 그리고 더 빠르게 나아가도록 지원하려고 노력해왔습니다. 어쩌면 모든 조직의 가장 큰 인재 솔루션은 적합한 팀원을 찾는 것일지도 모릅니다. 우리는 지금까지 3만 명이 넘는 최고 수준의 후보자들을 면접했고, 지난 몇 년 동안 수집한 자료가 이 책의 기원이 되었습니다.

그러나 아이디어와 자료는 책의 단초를 제공할 뿐입니다. 하퍼콜린스 출판사의 팀 버가드는 다른 사람들이 이 책에 대해 알기 훨씬 전부터 이 연구의 옹호자였고 함께 기쁘게 작업할 수 있었습니다.

밴더블로맨의 크리에이티브 및 마케팅 팀은 이 연구가 결실을 맺을 수 있도록 끊임없이 노력했습니다. 나의 에이전트인 에스더 페도르케비치는 다른 사람들이 믿어주기도 전에 이 아이디어의 지지자이자 홍보대사였습니다. 그리고 이 프로젝트에 참여한 그 누구보다 많은 기여를 한 동료 엘리자베스 폴슨이 이러한 비전을 향해 발을 내디뎠습니다. 그녀의 천재성과 노력이 없었다면 이 책은 세상에 나오지 못했을 것입니다.

마지막으로, 저의 아내 아드리안에게 감사드립니다. 남자에 대한 미심쩍은 취향은 차치하고, 그녀는 그야말로 최고입니다. 밴더블로맨이 이룬 모든 성과에 대해 분위기와 속도를 설정해주어서 고맙습니다. 무엇보다 제가 미처 알지 못했던 노력과 업무를 잘해주어서 감사드립니다. 당신은 내가 지금까지 알고 있었던 유니콘의 원형이자 최고의 버전이며, 당신과 함께 삶을 누리고 일할 수 있어서 영광입니다.

유니콘이 되어라

초판 1쇄 인쇄 2024년 9월 2일
초판 1쇄 발행 2024년 9월 25일

지은이 윌리엄 밴더블로맨
옮긴이 이은경
펴낸이 이범상
펴낸곳 (주)비전비엔피 · 비전코리아

책임 편집 차재호
기획 편집 김승희 김혜경 한윤지 박성아 신은정
디자인 김혜림 이민선
마케팅 이성호 이병준 문세희
전자책 김성화 김희정 안상희 김낙기
관리 이다정

주소 우)04034 서울특별시 마포구 잔다리로7길 12 (서교동)
전화 02) 338-2411 | 팩스 02) 338-2413
홈페이지 www.visionbp.co.kr
이메일 visioncorea@naver.com
원고투고 editor@visionbp.co.kr
인스타그램 www.instagram.com/visionbnp
포스트 post.naver.com/visioncorea

등록번호 제313-2005-224호

ISBN 978-89-6322-223-3   03320